Werner Pepels

Grundlagen Vertrieb

HANSER

Inhalt

Wegweiser   5

1   Verhältnis von Vertrieb und Marketing   7

2   Synchronisation von Verkauf und Kauf   10

2.1   Initialphase   13

2.2   Konzeptionsphase   18

2.3   Sondierungsphase   23

2.4   Anfragephase   29

2.5   Angebotseinholungsphase   35

2.6   Angebotsbewertungsphase   38

2.7   Anbieterauswahlphase   42

2.8   Nachverhandlungsphase   45

2.9   Kaufabwicklungsphase   51

2.10 Nachkaufphase   56

3   Gewerblicher Beschaffungsentscheid   61

4   Einsatz von Verkaufsmitarbeitern   71

4.1   Aufgabenspektrum im Vertrieb   71

4.2   Aufgabenstrukturen   75

4.3   Aufgabenprozesse   83

4.4   Mitarbeitersteuerung   90
4.4.1 Leistungsbezugsgrößen   90
4.4.2 Vergütungselemente   95

5	**Kommunikation im Vertrieb**	100
5.1	Verbale Signale	100
5.1.1	Inhaltliche Ebene	100
5.1.2	Formale Ebene	104
5.2	Nonverbale Signale	107
5.2.1	Persönliche Ebene	108
5.2.2	Situative Ebene	113
Literatur		117

Wegweiser

Dieses Buch wendet sich an Praktiker. Die folgenden drei Symbole führen Sie schnell zum Ziel:

 Dieses Symbol markiert **Anwendungstipps:** Hier erfahren Sie, wie Sie bei der Umsetzung am besten vorgehen.

 Hier geben wir Ihnen **Praxisbeispiele,** die zeigen, wie die Thematik von anderen konkret umgesetzt wird.

 Wo Sie dieses Symbol sehen, weisen wir Sie auf **Hürden und Hindernisse** hin, die einer Umsetzung erfahrungsgemäß oft im Wege stehen.

1 Verhältnis von Vertrieb und Marketing

Das Verhältnis von Vertrieb und Marketing zueinander ist in der Tat ein schwieriges. Der Vertrieb hat sich von seiner früher dominanten Funktion innerhalb der Absatzwirtschaft zu einer zwar nach wie vor wichtigen, letztlich aber gleichberechtigt neben andere gestellten Funktion verändert. Diesem Wandel sind die betrieblichen Funktionsbezeichnungen in der Praxis nicht immer gefolgt. So gibt es heute ein buntes Nebeneinander von:

▶ Vertrieb an Stelle von Marketing, weil in dieser Funktion die zentrale Bedeutung gesehen wird (eine Sichtweise, die heutzutage kaum mehr haltbar ist);

▶ Vertrieb als übergeordneter Funktion und Marketing als untergeordneter Funktion, die sich eher nur mit der Absatzvorbereitung beschäftigt (ebenfalls eine fachlich unhaltbare Sichtweise);

▶ Vertrieb und Marketing als gleichberechtigten Funktionen, wobei Erstere eher die Absatzdurchführung beinhaltet, Letztere wiederum eher die Absatzvorbereitung (ein fauler Kompromiss, der in der Praxis zu steten Querelen Anlass gibt);

▶ zusätzlich gibt es auch noch den Begriff Verkauf, dessen Verhältnis zum Vertrieb wohl darin zu sehen ist, dass der Verkauf nur die eigentliche Transaktion bezeichnet, sowie den Begriff Absatz, der das Umfeld zur unmittelbaren Herbeiführung der Tauschakte, also der Akquisition von, der Transaktion mit und der Nachbereitung bei Kunden betrifft.

Angesichts dieses begrifflichen Konglomerats ist es sinnvoll, zunächst die im Weiteren verwendeten Begriffe genauer zu bestimmen:

▶ **Marketing** beinhaltet die
- bewusste Beeinflussung aller Vermarktungsbedingungen über den Einsatz des Instrumental-Mix
- mit der Absicht der Erreichung quantitativer und qualitativer Zielvorstellungen mittels Nutzenstiftung bei Kunden und ggf. deren Kunden
- durch eine adäquate Gestaltung von Geschäftsbeziehungen mit deren Auswahl, Aufbau, Unterhalt, Ausbau, Wiederherstellung und Einstellung zu relevanten Anspruchsgruppen in Absatz (Marketing i. e. S.) bzw. Absatz, Beschaffung, Produktion, Umfeld und Medien (Marketing i. w. S.).

Es umfasst im Einzelnen die Instrumente der Produktpolitik, der Programmpolitik, der Preispolitik, der Konditionenpolitik, der Kommunikationspolitik, der Identitätspolitik sowie der Distributionspolitik und Verkaufspolitik.

▶ **Vertrieb** betrifft die planvolle Anlage des Instruments der akquisitorischen Distributionspolitik und des Verkaufs innerhalb des Absatzvollzugs, nicht hingegen die übrigen Marketing-Mix-Instrumente der Absatzvorbereitung, und ist damit deutlich enger ausgelegt.

▶ **Verkauf** bedeutet die unmittelbare Stimulierung, Herbeiführung und Abwicklung des konkreten Austauschaktes zwischen Anbieter und Nachfrager, im Mittelpunkt steht also die Transaktion.

▶ **Distributionspolitik** gestaltet den akquisitorischen und logistischen Fluss von Waren, Geldern und Informationen zwischen Lieferanten und Abnehmern, dabei geht es um das Absatzkanalmanagement.

Im Folgenden wird aus dem Spektrum des Marketings nur der Bereich des Vertriebs betrachtet. Dort wiederum primär der Geschäftskundenvertrieb, also der B2B-Bereich, denn dort sind Vertriebsaktivitäten wesentlich umfangreicher anzutreffen als vergleichsweise im B2C-Bereich, also gegenüber Privatkunden.

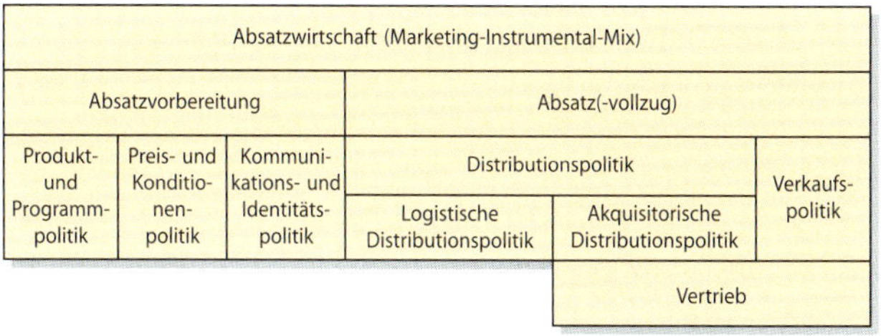

Absatzwirtschaft (Marketing-Instrumental-Mix)					
Absatzvorbereitung			Absatz(-vollzug)		
Produkt- und Programm-politik	Preis- und Konditio-nen-politik	Kommuni-kations- und Identitäts-politik	Distributionspolitik		Verkaufs-politik
			Logistische Distributionspolitik	Akquisitorische Distributionspolitik	
				Vertrieb	

Bild 1: *Absatzwirtschaft (Marketing-Instrumental-Mix)*

2 Synchronisation von Verkauf und Kauf

Für den Vertrieb als ökonomischer Transaktion bedarf es zweier Marktseiten, die im Zeitablauf miteinander in Kontakt treten. Deren Analyse erfolgt typischerweise im Rahmen der Transaktionsphasen im Kaufprozess. Diese Phasen können zeitlich stark verkürzt ablaufen, etwa im Konsumgüterbereich beim Kauf von Produkten des täglichen Bedarfs (FMCGs), oder zeitlich gestreckt verlaufen, etwa im Rahmen der gewerblichen Beschaffung. Die Phasen werden beim Erstkauf immer komplett durchlaufen, bei Wiederholungskäufen gibt es Kaufakte, bei denen Käufer zur Vereinfachung auf den neuerlichen Phasendurchlauf ganz oder teilweise verzichten. Zur Offenlegung der einzelnen Phasen ist daher zunächst eine Betrachtung des kompletten Phasendurchlaufs erforderlich.

Zur systematischen Erklärung der dabei zu Grunde liegenden komplexen Prozesse wird häufig ein Phasenmodell herangezogen. Daraus ergibt sich ein Raster mit den Kaufphasen und den zuständigen Stellen/Personen. Bei den Kaufphasen werden folgende zehn Phasen unterschieden:

▶ Erkennung des Vorliegens eines Beschaffungsproblems (im Folgenden: **Initialphase**),
▶ Festlegung der Produkteigenschaften für das Beschaffungsobjekt als Lastenheft (im Folgenden: **Konzeptionsphase**),
▶ Beschreibung der resultierenden Produkteigenschaften als Pflichtenkatalog (im Folgenden: **Sondierungsphase**),
▶ Sichtung der potenziellen Lieferanten des gesuchten Produkts,

▶ Beurteilung der Leistungsfähigkeiten dieser Lieferanten (im Folgenden: **Anfragephase**),

▶ Einholung von konkreten Angeboten bei diesen Lieferanten (im Folgenden: **Angebotseinholungsphase**),

Kauf- phasen	Zuständige Stelle	Zuständige Person(en)
Erkennung des Beschaffungsproblems		
Festlegung der Produkt- eigenschaften (Lastenheft)		
Beschreibung der Eigen- schaften (Pflichtenkatalog)		
Sichtung potenzieller Lieferanten		
Beurteilung der Leistungs- fähigkeiten der Lieferanten		
Einholung konkreter Angebote		
Bewertung der eingereichten Angebote		
Auswahl der präferierten Lieferanten		
Bestell- und Abwicklungstechnik		
Ausführungskontrolle und -beurteilung		

Bild 2: *Kaufphasen nach Grid-Prinzip*

▶ Bewertung der von Lieferanten eingeholten Angebote (im Folgenden: **Angebotsbewertungsphase**),

▶ Auswahl des präferierten Lieferanten (im Folgenden: **Anbieterauswahlphase** und **Nachverhandlungsphase**),

▶ Organisation der Bestell- und Abwicklungstechnik (im Folgenden: **Kaufabwicklungsphase**),

▶ Organisation der Ausführungskontrolle und -beurteilung (im Folgenden: **Nachkaufphase**).

In jeder dieser Kaufphasen werden andere Stellen und/oder Personen aktiv. Wichtig ist es daher, jeder einzelnen Kaufphase Funktionsträger zuzuordnen, die dafür als Transaktionspartner angegangen werden müssen.

Wichtig ist es weiterhin, zu berücksichtigen, dass die Akteure im Vertrieb immer Menschen sind (People Business), d. h., es verkaufen nicht Unternehmen/Organisationen an Unternehmen/Organisationen, sondern es verkaufen Personen in solchen Unternehmen/Organisationen an Personen in anderen Unternehmen/Organisationen. Die Transaktion kommt also immer zwischen Menschen zu Stande (davon sind lediglich automatisierte Wiederholungskäufe ausgenommen, s. u.).

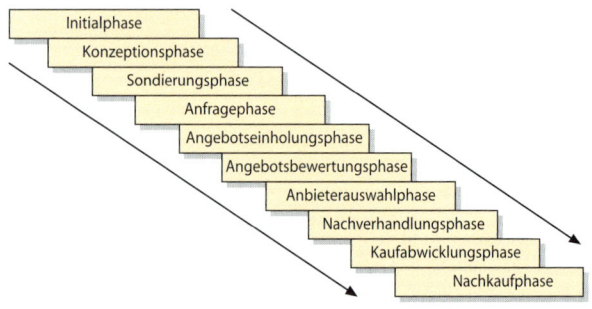

Bild 3: *Kaufphasen nach Leiterprinzip*

2.1   Initialphase

In der Initialphase erfolgt die eigentliche Problemwahrnehmung. Diese kann initiativ vom Nachfrager ausgehen oder, wie heute häufigst, durch den Anbieter induziert werden, d. h., der Anbieter macht auf ein Problem aufmerksam, das dem Nachfrager so gar nicht bewusst war (denkbar ist auch die Initiierung durch einen Externen). Hinsichtlich der Art des Problems werden gemeinhin vier Kaufklassen unterschieden.

Beim **Erstkauf** stehen die Beteiligten vor einer völlig neuen Problemstellung, bei der bisherige Erfahrungen wenig helfen. Wesentliche Merkmale des Erstkaufs sind daher folgende. Der Leistungsinhalt und -umfang des Kaufs muss jeweils neu und individuell festgelegt werden. Es sind ausführliche Entscheidungsprozesse gegeben. Es liegt regelmäßig ein vergleichsweise hoher Auftragswert vor. Und es erfolgt eine einzelfallabhängige Lieferantenbewertung. Der Bedarf ist oft nur unzureichend strukturiert. Der Anstoß zum Kauf kann von außerhalb des Unternehmens ausgehen oder auf interne Anregung hin. Es gibt ein hohes Maß an Informationsbedarf und die Notwendigkeit, alternative Problemlösungen und alternative Anbieter zu suchen. Erstkäufe treten unregelmäßig auf, sind aber von großer Bedeutung für nachgelagerte Entscheide, d. h. machen Wiederholungskäufe wahrscheinlich.

Beim **modifizierten Wiederholungskauf** liegt eine Problemstellung vor, die ihrer Art nach zwar nicht völlig neu ist, jedoch von bisherigen Erkenntnissen abweicht. Daher müssen ergänzende Informationen eingeholt werden. Der Kaufentscheid ist nicht innovativ, wie beim Erstkauf, aber auch nicht routinisiert, wie beim reinen Wiederholungskauf. Man kann daher von einem adaptiven Verhalten sprechen. Es liegen bekannte Kaufalternativen vor, die sich auf Grund äußerer Ereignisse oder interner Einflüsse geändert haben, sodass ein zusätzlicher Informationsbedarf erforderlich wird. Der Kaufprozess wird dazu nur teilweise wieder aufgerollt. Insofern ist der Informationsbedarf auf die Unterschiede zu den bereits bekannten Produkten reduziert.

Der **reine Wiederholungskauf** tritt bei wiederkehrenden Problemstellungen mit völlig ausreichender Informationslage auf. Solche Routinetransaktionen sind durch Merkmale charakterisiert wie gewohnheitsmäßige Kaufprozesse, Nachfrage nach denselben, normierten Leistungen, vergleichsweise geringe Komplexität des Kaufobjekts, tendenziell geringer Auftragswert, weitgehender Verzicht auf die Neubewertung von Lieferanten, stattdessen Nachbestellungen sowie geringe Informationssuche durch Erfahrung. Der Lieferant stammt für gewöhnlich aus dem Kreis von Anbietern, zu denen bereits Geschäftsbeziehungen unterhalten werden. Neue Anbieter haben daher kaum eine Chance, zum Zuge zu kommen. Das Kaufobjekt und seine Parameter können durchaus variieren, und zwar graduell so lange, bis sich die Aufgabe so verändert, dass eine neue Lieferquelle in die Überlegungen aufgenommen wird.

Der **automatisierte Wiederholungskauf** liegt bei virtueller Transaktionseinleitung vor. Dabei wird kein individueller Kaufentscheid mehr getroffen, sondern innerhalb vordefinierter Kriterien löst der Computer Transaktionen aus. Man denke nur an computerisierte Abrufaufträge innerhalb eines vereinbarten Rahmenvertrags (Kommissionierung). Eine aktive Auseinandersetzung findet daher kaum mehr statt. Dies gilt etwa auf virtuellen Marktplätzen bei normierten Produkten geringer Komplexität, bei denen individuelle Präferen-

	Neue Problemstellung	Vergleichbare Problemstellung	Gleiche Problemstellung
Nicht ausreichender Informationsstand	Erstkauf	Modifizierter Wiederholungskauf	
Voll ausreichender Informationsstand		Reiner Wiederholungskauf	Automatisierter Wiederholungskauf

Tab. 1: *Wiederholungskauf*

zen keine Rolle spielen. Dazu durchsuchen Agentenprogramme auf Anbieter- oder Nachfragerseite automatisch Marktplätze nach Abschlusschancen und nehmen diese passiv durch bloße Freigabe vom Entscheider oder auch völlig selbstständig in Abhängigkeit vorgegebener Limits wahr.

Die Aktivitäten in der Initialphase sind vor allem davon abhängig, ob es sich beim zu beschaffenden Produkt oder Dienst um einen solchen mit hohem oder niedrigem **Kaufrisiko** und **Gewinneinfluss** handelt. Dies wird meist in Form eines Portfolios veranschaulicht, wobei folgende Produktarten (hier synonym mit Dienstleistungen verwendet) unterschieden werden:

▶ **Strategische Produkte** weisen ein hohes Beschaffungsrisiko und einen hohen Gewinneinfluss auf. Daher bedarf es nachfragerseitig einer präzisen Bedarfsprognose und sicherer, langfristiger Lieferantenbeziehungen. Evtl. ist auch eine Entscheidung über Eigenfertigung oder Zukauf (Make or Buy) erforderlich.

▶ **Engpassprodukte** weisen ein hohes Beschaffungsrisiko, aber einen niedrigen Gewinneinfluss auf. Hier geht es dem Abnehmer in erster Linie um die Mengensicherung des beschafften Produkts, flankiert von Ausweichplänen für den Notfall von Lieferausfällen.

▶ **Schlüsselprodukte** weisen einen hohen Gewinneinfluss, aber ein niedriges Beschaffungsrisiko auf. Hier gilt es, die Einkaufsmacht des Abnehmers für günstige Konditionen auszugleichen und zu den gezielt selektierten Lieferanten zu gehören.

▶ **Normalprodukte** weisen ein niedriges Beschaffungsrisiko und einen niedrigen Gewinneinfluss auf. Insofern wird nachfragerseitig eine Standardisierung der Produkte und eine Optimierung der Auftragsmengen angestrebt.

	Niedriges Be-schaffungsrisiko	**Hohes Be-schaffungsrisiko**
Niedriger Gewinneinfluss	Normalprodukte	Engpassprodukte
Hoher Gewinneinfluss	Schlüsselprodukte	Strategische Produkte

Tab. 2: *Beschaffungsrisiko*

Im Vertrieb muss man sich zunächst vergegenwärtigen, in welche Kaufklasse das angebotene Produkt fällt. Entsprechend sind Aussagen über die Nachfrageraktivitäten möglich. Neben der Produktart spielt auch der Lieferantenstatus beim Kunden eine wichtige Rolle. Dabei werden zumeist drei Gruppen (**ABC-Analyse**) unterschieden:

▶ **A-Lieferanten** sind solche, für die aus Kundensicht anderweitig keine wirklich akzeptablen Alternativen am Markt zu finden sind. Insofern nimmt der Lieferant hier eine starke Position ein. Ziel jedes Lieferanten sollte es daher sein, bei seinen Kunden ein A-Lieferant zu werden und zu bleiben.

▶ **B-Lieferanten** sind solche, für die aus Kundensicht immerhin Alternativen am Markt bereits vorhanden sind oder herangezogen werden können, auf die jedoch zumindest nicht unmittelbar ausgewichen werden kann. Hier besteht also eine Positionsbalance.

▶ **C-Lieferanten** sind solche, die aus Kundensicht in ihrer Leistung austauschbar zu vielfältigen anderen sind. Daher befinden sich Lieferanten hier in einer ausgesprochen schwachen Position. Insofern werden Preise und Konditionen zu vordergründigen Absatzargumenten.

Daraus folgt unmittelbar, dass es das Ziel jedes Anbieters sein muss, ein wenig oder nicht austauschbares (unique) Angebot zu offerieren. Dazu wiederum bedarf es der Aktivitäten der Absatzvorbereitung im Marketing.

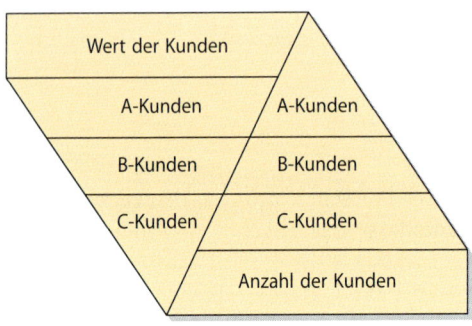

Bild 4: *Wert und Anzahl der Kunden*

2.2 Konzeptionsphase

Für die Konzeptionsphase ist es wichtig, die vom Kunden gewünschte Problemlösung möglichst exakt beschrieben zu erhalten. Dazu dienen in der Praxis zwei Hilfsmittel:

▶ Das **Lastenheft** gibt eine objektive (meist technische) Problemdefinition (Was?) vor, für die eine Lösung durch Zukauf gesucht wird. Es geht um die Summe der Forderungen, Bedürfnisse und Erwartungen an das zu entwickelnde Erzeugnis hinsichtlich Liefer- und Leistungsumfang. Dazu gehören die Projektvorstellung, die Beschreibung der Ist-Situation, die Aufgabenstellung, die Bestimmung der Integration, die technischen Anforderungen, die Anforderungen an Inbetriebnahme/Einsatz, die Qualitätsmaßstäbe, die Projektabwicklung, die Aufwandskalkulation sowie spezifische infrastrukturelle und personelle Forderungen.

▶ Der **Pflichtenkatalog** enthält die denkbare oder präferierte Lösungskonzeption für das technische Problem (Wie?). Er beschreibt daher die Produkteigenschaften/Produktionsverfahren. Es geht um die Umsetzung der Kundenforderungen in Entwicklungs- und Produktionsparameter unter Beachtung aller Randbedingungen und äußeren Einflüsse für die Entwicklung des Produkts (Marktsituation, Entwicklungsziel, technische Parameter, Qualität, Einhaltung von Vorschriften/Verordnungen/Gesetzen/Normen/Patenten, Stückzahlen, Liefertermine, Kosten/Preise, personelle Forderungen etc.).

Dasjenige Angebot hat die größte Chance, zum Zuge zu kommen, das in seinen Merkmalen der Beschreibung von Lastenheft und/oder Pflichtenkatalog am ehesten entspricht. Ziel im Vertrieb muss es daher sein, bereits auf diese Beschreibung proaktiv derart Einfluss zu nehmen, dass die dort beschriebenen Angebotsmerkmale möglichst gut mit den tatsächlichen Merkmalen des eigenen Angebots übereinstimmen. Dies geschieht in der Regel, indem ein gewiefter Vertriebsbeauftragter den potenziellen Käufer in der Konzeption seines komplexen Kaufobjekts berät oder sogar einen entsprechend ausgearbeiteten Vorschlag unterbreitet. Im Grunde geht es wiederum um den zentralen Hebel der Geschäftsbeziehung aus Lieferantensicht, nämlich die Entlastung des Abnehmers von Arbeitsdruck, Risiko und Zeitaufwand.

Je abstrakter ein Produkt dabei ist, desto schwieriger ist diese Einflussnahme. Dazu bietet es sich an, die Produkte nach Eigenschaftskategorien zu unterteilen. Gemeinhin werden Such-, Erlebnis- und Vertrauenseigenschaften von Produkten unterschieden:

▶ Produkte mit dominanten **Sucheigenschaften** (Inspection Goods) sind solche, die über dem Abnehmer bereits vor dem Kauf zugängliche und beim Kauf und danach ihm bekannte Eigenschaften verfügen. Ihre Beschaffung ist für den Käufer weitgehend unproblematisch, da er sich vor Übervorteilung schützen kann. Hier reicht es im Verkauf oft bereits aus, dem Kaufinteressenten aussagefähige Kenndaten zugänglich zu machen, die er prüfen kann (z. B. technische Produkte wie Unterhaltungselektronik, Haushaltsgeräte, Automobil).

▶ Produkte mit dominanten **Erlebniseigenschaften** (Experience Goods) sind solche, deren Eigenschaften zwar vor dem Kauf nicht zugänglich sind, aber beim Kauf und danach erkennbar werden. Ihre Beschaffung ist für den Käufer risikoreich, da er erst nach dem Kaufabschluss weiß, worauf er sich eingelassen hat. Daher ist es im Verkauf wichtig, dem Kaufinteressenten vor dem Kauf Sicherheit zu geben, vor allem durch „Hands on Experience" des Produkts, also Ausprobieren, evtl. Probeüberlassung (z. B. Verbrauchsgüter wie Nahrungsmittel, Medikamente, aber auch Computersoftware).

▶ Produkte mit dominanten **Vertrauenseigenschaften** (Credence Goods) sind solche, deren Eigenschaften weder vor dem Kauf noch beim Kauf erkennbar sind, sondern erst danach. Hier ist das Risiko des Kaufinteressenten am höchsten, soll er sich doch auf etwas festlegen, das ihm vor und beim Kaufabschluss in seinen Leistungsmerkmalen nicht zugänglich ist. Daher ist es im Verkauf entscheidend, dem potenziellen Kunden ein Höchstmaß an Sicherheit zu geben, etwa durch Garantien, Referenzen, Rücktrittsmöglichkeiten etc. (z. B. Dienstleistungen wie Rechtsberatung, Arztbesuch, Wohnungsmakler).

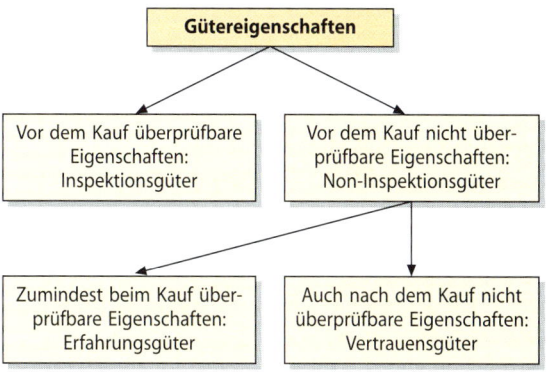

Bild 5: *Gütereigenschaften*

Jedes Produkt hat immer alle drei Merkmalsausprägungen, jedoch in unterschiedlichem Anteil. Generell muss es das Ziel im Vertrieb sein, das wahrgenommene Risiko des Käufers zu senken, da dieses als Barriere zwischen Verkäufer und Abschluss steht. Dieses Risiko lässt sich im Einzelnen in mindestens fünf Teilrisiken aufspalten:

▶ Das **Qualitätsrisiko** beinhaltet die Ungewissheit, ob das angebotene Produkt den Erwartungen und Anforderungen im Hinblick auf seine objektive (meist technische) Problemlösungsfähigkeit entspricht. Hier muss der Vertrieb risikoreduzierend wirken, indem er aussagefähige Funktionsnachweise liefert, welche die Zweckeignung der Problemlösung belegen.

▶ Das **Herstellerrisiko** beinhaltet die Unsicherheit des Abnehmers hinsichtlich der fachlichen Qualifikation und Zuverlässigkeit des Lieferanten. Hier muss der Vertrieb risikoreduzierend wirken, indem vertrauenswürdige Informationen über den Hersteller geboten werden, z. B. seine Branchenstellung, seine Betriebserfahrung, seine Anerkennung im Markt.

▶ Das **Preisrisiko** beinhaltet die Unsicherheit des Abnehmers darüber, einen unangemessen hohen Preis für das ihm angebotene Produkt zu zahlen. Hier muss der Vertrieb risikoreduzierend wirken, indem er den Preis statt absolut relativ als Preis-Leistungs-Verhältnis argumentiert und die tatsächliche Vergleichbarkeit der vom Nachfrager zum Vergleich herangezogenen Alternativen erschüttert.

▶ Das **Informationsrisiko** beinhaltet die Unsicherheit des Abnehmers, nicht über das erforderliche Maß an Informationen zur Bewertung angebotener Lösungen zu verfügen. Hier muss der Vertrieb risikoreduzierend wirken, indem er Kaufinteressenten gerade so viel Information zur Verfügung stellt, wie funktional sinnvoll ist. Ein Übermaß an Information ist dabei ebenso schädlich wie ein Zurückhalten relevanter Informationen.

▶ Das **Sozialrisiko** beinhaltet die Unsicherheit des Abnehmers darüber, wie der Kaufentscheid in seinem sozialen (privaten oder beruflichen) Umfeld aufgenommen wird. Hier muss der Vertrieb risikoreduzierend wirken, indem er Referenzkunden anführt, die als Vergleichsmaßstab für die Tauglichkeit der eigenen Entscheidung dienen.

Parallel dazu ergeben sich erhebliche Risiken auch auf der Verkäuferseite:

▶ Das Akquisitionsrisiko beinhaltet die Unsicherheit, ob eine Chance zum Auftragserhalt besteht oder die Bemühungen erfolglos verlaufen.

▶ Das Preisrisiko beinhaltet die Unsicherheit, für das Produkt die gewünschten/erforderlichen Konditionen beim Abnehmer durchsetzen zu können.

▶ Das Kostenrisiko beinhaltet die Unsicherheit, ob unausweichliche Erlösschmälerungen eintreten, die den Deckungsbeitrag vermindern.

▶ Das Referenzrisiko beinhaltet die Unsicherheit, ob die Transaktion auch so abgewickelt werden kann, dass sie referenztauglich für andere Abschlüsse ist.

Eine durchaus wünschenswerte Risikoreduktion des Kunden kann sich auf folgende Absichten beziehen:

• durch Reduktion externer Ungewissheiten wie z. B. Besichtigung einer Referenzanlage des Anbieters,
• durch Reduktion interner Ungewissheiten wie z. B. Kontaktaufnahme zu anderen Kunden des Anbieters,
• durch Begrenzung externer Konsequenzen wie z. B. Order Splitting auf zwei oder mehr Lieferanten,
• durch Begrenzung interner Konsequenzen wie z. B. organisatorische Verantwortungsdelegation auf Vorgesetzte oder Gremien.

2.3 Sondierungsphase

In der Sondierungsphase geht es dem Kaufinteressenten um die konkrete Lieferantensuche. Insofern beginnt dann die „heiße" Phase des Vertriebs. Dazu werden nachfragerseitig verschiedene Beschaffungsstrategien eingesetzt:

▶ Mit **Single Sourcing** ist gemeint, dass der Abnehmer sich in jeder Produktgruppe auf genau einen Lieferanten festlegt. Als Verkäufer eines solchen In Supplier hat man im Wesentlichen die Aufgabe, den Kunden in der Richtigkeit seiner Partnerwahl zu bestätigen und irritierende Informationen, die ihn zu einem neuerlichen Angebotsvergleich motivieren könnten, zu neutralisieren.

▶ Mit **Dual Sourcing** ist gemeint, dass der Abnehmer sich in einer Produktgruppe alternierend zweier Lieferanten bedient, meist im Mengenverhältnis ca. 2 : 1. Motiviert ist diese Sourcing-Strategie durch ein Sicherheitsdenken (Fall Back Position). Hier muss es das Ziel des Verkäufers des dominierenden Lieferanten sein, seinen Anteil zu verteidigen und nach Möglichkeit in Richtung Single Sourcing auszubauen. Das Ziel des Verkäufers des subordinaten Lieferanten muss es hingegen sein, seinen Anteil auszubauen und nach Möglichkeit mit dem des dominanten Lieferanten zu tauschen.

▶ Mit **Multiple Sourcing** ist gemeint, dass der Kaufinteressent sich in jeder Produktgruppe mehrere Lieferanten hält, die er einem Angebotsvergleich unterzieht, um beim jeweils günstigsten von ihnen zu bestellen. In einer solchen Situation muss es Ziel des Verkäufers sein, den Kreis der Mitbewerber zu verkleinern und den eigenen Lieferanteil zu vergrößern, da ansonsten ein kontinuierliches Wettrennen um die besten Konditionen einsetzt, das kaum erfolgreich durchzuhalten ist.

▶ Mit **Sole Sourcing** ist gemeint, dass der Kaufinteressent sich in jeder Produktgruppe nur einem Lieferanten gegenübersieht. Dadurch entsteht in den seltenen Fällen absoluter Monopole eine Angebotsmacht. Wird diese überzogen, können vom Kunden Alternativen bewusst entwickelt werden. Ziel des monopolistischen Verkäufers muss es daher sein, keinesfalls die Schmerzgrenze der Akzeptanz des Kunden zu überziehen, da damit solche Alternativen (auch beim Abnehmer durch Rückwärtsintegration) geradezu provoziert werden.

Eine weitere Unterscheidung geht nicht von der Zahl der Anbieter, sondern vom räumlichen Gebiet, innerhalb dessen ein Kaufinteressent nach Lieferanten Ausschau hält, aus. Dabei kommt es zu drei Formen:

▶ Beim **Global Sourcing** erfolgt eine räumlich unbegrenzte, internationale Lieferantensuche. Dies ist eine äußerst unangenehme Situation, wenn der eigene Standort unveränderliche Nachteile aufweist, welche die Wettbewerbsfähigkeit des eigenen Angebots im Vertrieb in Mitleidenschaft ziehen.

▶ Beim **Local Sourcing** erfolgt eine betriebsstandortbezogene Lieferantensuche. Das heißt, jeder, auch internationale Standort des Abnehmers bestimmt seine Lieferanten unter der Auswahl der im jeweiligen lokalen Umfeld ansässigen Lieferanten. Dies zwingt Anbieter, die globalisierte Unternehmen beliefern, zur Internationalisierung ihrer Aktivitäten, da sie ansonsten für einzelne Standorte nicht mehr als Lieferanten in Betracht gezogen werden.

▶ Beim **Domestic Sourcing** werden nur inländische Lieferanten berücksichtigt. Dies ist häufig bei Local Content-Vereinbarungen der Fall, die etwa im jeweiligen Ausland aus Protektionismusgründen vorgegeben werden. Dann ist es unvermeidlich, das Liefervolumen in eigene und fremde Anteile aufzusplitten. Zugleich ergeben sich dadurch Möglichkeiten zu Gegengeschäften.

Die Komplexität des Vertriebs zeichnet aus, dass weit über die eigene Prozessstufe hinausgehende Überlegungen einzubeziehen sind. Dabei hat es in neuerer Vergangenheit eine zunehmende Integration der Wertschöpfungskette zwischen Lieferanten und Abnehmer gegeben (**Process Sourcing**). Diese Wertschöpfungskettenverschränkung bezieht sich im Einzelnen auf:

▶ Produktionsprozesse, d. h. die Kombination der Produktionsfaktoren in der Wertschöpfung (Stichworte sind hier Quality Audits, Design to Cost oder Wertanalyse),

▶ Logistikprozesse, d. h. die (Zwischen-)Lagerung und der (Zwischen-)Transport von Leistungen (Stichworte sind hier Kanban-Prinzip, Just-in-Time-Workflow oder Efficient Consumer Response),

▶ Know-how-Prozesse, d. h. Problemlösungen, die aus Produkten und begleitendem Wissen bestehen (Stichworte sind hier Lebenszeitvertrag, Simultaneous Engineering oder Betreibermodell),

▶ Nachhaltigkeitsprozesse, d. h. die Sichtweise des gesamten Lebenszyklus, nicht nur die Anschaffung umfassend (Stichworte sind hier Öko-Audit, Total Costs of Ownership oder Retrodistribution).

Im Rahmen der Wertkettendenkweise hat sich etabliert, dass jeder Wertschöpfende sich auf denjenigen Ausschnitt der gesamtwirtschaftlichen Wertkette konzentrieren soll, der seiner Kernkompetenz entspricht. Alles andere unterfällt dem **Outsourcing** an Dritte, deren jeweilige Kernkompetenzen dies sind. Von diesem Prozess des Outsourcings profitieren Anbieter im Rahmen des gesamtwirtschaftlichen Beschaffungsvolumens. Denkbar ist aber auch das **Insourcing** im eigenen Unternehmen, indem Kernkompetenz-Lieferanten ihren Wertschöpfungsanteil am Ort des Abnehmers erbringen. Dies geht von Industriepark-Modellen über verselbstständigte Arbeitsstationen bis zu Betreibermodellen, die faktisch, jedoch nicht rechtlich einem Leasing gleichkommen (Pay on Production).

Dies eröffnet für Verkäufer bei angemessener Flexibilität und ausreichendem Know-how enorme Absatzmöglichkeiten. Vor allem ist es dadurch Unternehmen, die noch nicht Lieferanten eines Abnehmers sind, möglich, den Status eines **Out Supplier** gegen den eines **In Supplier** einzutauschen bzw. von einem peripheren zu einem präferierten Lieferanten (Preferred Supplier) zu werden. Out Supplier sind generell an der Anbahnung bzw. Wiederaufnahme der Interaktion mit einem Kunden interessiert, wohingegen In Supplier vornehmlich am Ausbau ihres Lieferanteils (Share of Wallet) interessiert sind.

Die gesamtwirtschaftliche Wertkette besteht somit aus den addierten einzelwirtschaftlichen Wertketten, die miteinander verschränkt sind. Um die Komplexität dieser Beziehungen einzelwirtschaftlich zu limitieren, wird eine Lieferantenhierarchie angestrebt (**Modular Sourcing**). Dabei werden meist drei hierarchische Stufen unterschieden:

▶ Systemlieferanten (First Tiers) sind solche, die dem Anbieter am Endkundenmarkt komplexe Funktionssysteme anliefern, von denen sie alle Anteile selbst gefertigt haben, die ihrer Kernkompetenz entsprechen, und von denen sie alle anderen Anteile fremd zugekauft haben.

▶ Komponentenlieferanten (Second Tiers) sind solche, die dem Systemlieferanten abgegrenzte Funktionskomponenten anliefern, von denen sie alle Anteile selbst gefertigt haben, die ihrer Kernkompetenz entsprechen und den Rest ihrerseits fremd zukaufen.

▶ Teilelieferanten (Third Tiers) sind solche, die dem Komponentenlieferanten einfache Funktionsteile anliefern, die sie selbst gefertigt haben.

Es ist unmittelbar einsichtig, dass es Ziel im strategischen Vertrieb sein muss, ein Unternehmen innerhalb der Lieferantenhierarchie als Systemlieferanten zu positionieren. Denn erstens hat nur dieser noch unmittelbaren Kontakt zum Anbieter am Endkundenmarkt und zweitens bieten nur komplexe Systeme die Chance der Einbringung von Wissensvorteilen. Schon bei Komponentenlieferanten sind die Know-how-Anforderungen begrenzt, stattdessen spielen Preismomente eine große Rolle. Dies gilt erst recht für Teilelieferanten, die am Ende der Lieferantenhierarchie weitgehend austauschbar und einem stetigen Preiskampf ausgesetzt sind.

Die Beschaffung kann individuell oder kooperativ erfolgen. Für eine kooperative Auslegung (**Cooperative Sourcing**) spricht vor allem die Möglichkeit zur Nutzung von Kostendegressionen. Wenn mehrere Abnehmer ihr jeweiliges Abnahmevolumen poolen, können sie potenziellen Lieferanten gegenüber ihre Einkaufsmacht erhöhen. Dies ist für alle Einkaufsobjekte möglich, die nicht strategischen Charakter haben, also keine komparativen Konkurrenzvorteile (KKVs) begründen. Dies gilt in aller Regel für Objekte, die nicht kundenwahrnehmbar sind (beim Pkw etwa das meiste, was unter dem Blech und außerhalb des Innenraums stattfindet) oder nicht kundenwichtig (beim Pkw etwa viele standardmäßige Funktionsausstattungen). Dies gilt weiterhin für Einkaufsobjekte, die nicht in das Endprodukt eingehen. Die kooperative Beschaffung erfolgt dann meist über Internet-Marktplätze (s. u.).

2.4 Anfragephase

In der Anfragephase konkretisiert sich das Auftragsszenario weiter. Dabei sind auf Abnehmerseite mehrere Entscheidungen erforderlich:

▶ Die **Budgetentscheidung** bestimmt, welche gewünschten Anschaffungen überhaupt finanzierbar sind. Dafür kann im Vertrieb der Finanzierungsrahmen gezielt ausgeweitet werden. Daher gehören differenzierte Absatzfinanzierungsmaßnahmen (Financial Engineering) zum Standardrepertoire des Vertriebsmanagements.

▶ Die **Produktgruppenentscheidung** bestimmt, welche Anschaffungen am dringlichsten durchzuführen sind. Hier kann im Vertrieb die Problemlösungsfähigkeit des eigenen Produkts dramatisiert werden, sodass die betreffende Gruppe zu deren Anschaffung priorisiert wird.

▶ Die **Lieferantenentscheidung** bestimmt, welche Lieferanten für die jeweiligen Anschaffungen ins Auge gefasst werden. Hier muss im Vertrieb darauf hingewirkt werden, dass das eigene Unternehmen zumindest zum Kreis der präferierten Lieferanten gehört (Relevant Set).

▶ Die **Mengenentscheidung** bestimmt, welche Beschaffungsvolumina jeweils notwendig sind. Dabei wird aus Konditionengründen zumeist eine Regelung über Rahmenverträge gesucht, die eine lieferantenseitige Kommissionierung von Waren (Vorfinanzierung) oder eine Sukzessivlieferung vorsehen.

▶ Die **Zeitentscheidung** bestimmt, wann die Lieferungen jeweils zu erfolgen haben. Dabei wird im Regelfall eine bedarfssynchrone Lieferung vereinbart, bei der Produkte exakt zu dem Zeitpunkt bereitgestellt werden, zu dem sie erforderlich sind (JiT).

Oftmals ist es im Vertrieb ratsam, sich für eine zu erwartende Anfrage gemeinsam mit anderen, gleichartigen oder ergänzenden Lieferanten aufzustellen. Dazu erfolgt zumeist die Bildung eines **Konsortiums**. Dieses kann für den Abnehmer erkennbar sein (offenes Konsortium) oder ihm verborgen gehalten werden (stilles Konsortium). Das offene Konsortium erhöht womöglich nicht nur die Problemlösungskompetenz der Anbieter durch Poolung kompetenter Partner, sondern entbindet auch von Haftungsausfällen, da jeder einzelne Konsorte nur für seinen Leistungsanteil haftet. Im stillen Konsortium haftet im Außenverhältnis nur der dem Kunden gegenüber auftretende Anbieter. Häufig wird auch eine **Generalunternehmerschaft** angestrebt, bei der dem Kunden zwar bekannt ist, dass mehrere Lieferanten vorhanden sind, er aber nur mit einem von ihnen, dem Pilot Contractor, abschließt. Häufig werden dazu vom Abnehmer auch bestimmte Subkontraktoren als Leistungsbeteiligte vorgeschrieben.

Wegen der komplizierten Pflichten und Rechte in **Anbietergemeinschaften** ist deren gründliche juristische Absicherung unerlässlich. Meist kann jedoch die Wettbewerbsfähigkeit des einzelnen Anbieters durch Einbindung in eine solche Gemeinschaft entscheidend erhöht werden, sodass dies ein geschickter verkäuferischer Zug ist.

Eine ernsthafte Bedrohung der persönlichen Verkaufstätigkeit ergibt sich, vor allem im B2B-Bereich, durch **Internet-Plattformen**, über die vorwiegend Wartungs- und Reparaturleistungen (Kundendienste) sowie Betriebsstoffe und indirekte Produkte gehandelt werden (MRO-Produkte), weiterhin C-Produkte (mit geringem Wertanteil im Beschaffungsbudget). Im Vertrieb muss es darum gehen, diese Internet-Plattformen proaktiv zu vermeiden, denn ist man erst einmal in eine solche Angebotseinholung einbezogen, kann man fast nur noch über den Preis agieren.

Man unterscheidet im Einzelnen **horizontale** Marktplätze, auf denen branchenübergreifend Angebote einer Produktgruppe offeriert werden, und **vertikale** Marktplätze, auf denen Angebote verschiedener Produktgruppen branchenspezifisch offeriert werden.

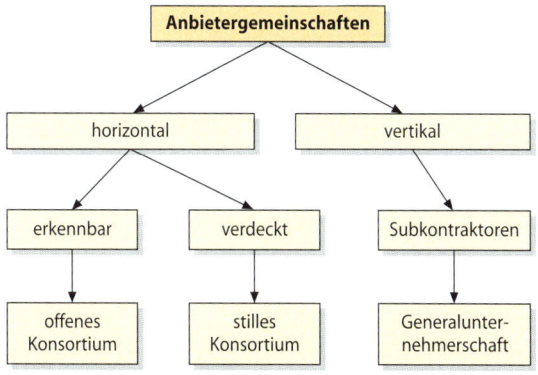

Bild 6: *Anbietergemeinschaften*

 Erfolgreiche Beispiele vertikaler Marktplätze sind folgende:

- Covisint (Automobilbranche): Teilnehmer: Daimler-Chrysler, Ford, GM, Renault, Toyota
- e2open (Elektronikbranche): Teilnehmer: Hitachi, IBM, LG Electronics, Matsushita, Nortel, Toshiba
- Ehitex (Elektronikbranche): Teilnehmer: AMD, Canon, Compaq, Hitachi, HP, NEC u. a.
- Elemica (Chemiebranche): Teilnehmer: BASF, Bayer, BP Amoco, Dow, DuPont, Mitsui Chemicals u. a.

- GlobalNetXchange (Handelsbranche): Teilnehmer: Carrefour, Metro, Sainsbury, Sears
- WorldWideRetailExchange (Handelsbranche): Teilnehmer: Ahold, Auchan, Edeka, Marks/Spencer, Tesco, Kmart u. a.
- Transora (Konsumgüterbranche): Teilnehmer: Coca-Cola, Colgate-Palmolive, Danone, Gillette, Heinz, Pepsi, Procter & Gamble, Kraft, Heineken, Kellogg, Nabisco, Unilever u. a.
- Aerochange (Luftfahrtbranche): Teilnehmer: Air Canada, Lufthansa, All Nippon Airways, KLM, SAS u. a.

Weiterhin unterscheidet man **anbieterinitiierte** Marktplätze, die von Lieferanten zum Zwecke des Angebots ihrer Produkte installiert werden. Dort können sich potenzielle Nachfrager einen raschen Marktüberblick verschaffen. Und **nachfragerinitiierte** Marktplätze, die von Abnehmern zum Zwecke der Bedarfsdeckung installiert werden. Dort können sich potenzielle Lieferanten melden und ihren Lieferwunsch abgeben. Sowohl anbieter- wie auch nachfragerinitiierte Marktplätze dienen der direkten Transaktionsaufnahme.

Daneben gibt es **von Mittlern organisierte** Marktplätze, auf denen Makler Angebote und Nachfragen sammeln und von der Provision zur Vermittlung des Kontakts zwischen beiden, von Werbeeinschaltungen auf der Website oder von Eintragungsgebühren für die Notierung profitieren. Dazu platzieren Anbieter und Nachfrager unabhängig voneinander Angebote bzw. Gebote. Oft kann auch die Zahlungsabwicklung über diese Marktplätze vorgenommen werden. Dabei kann der Kreis der Teilnehmer vorselektiert sein, etwa durch eine Aufforderung zur Teilnahme, oder aber offen, d. h. für jeden Interessenten zugänglich.

Teilweise werden die Mittler auch nur für eine Marktseite tätig, meist die Nachfrageseite. Typische Ausprägungen dieses Ansatzes sind Preisagenten und Power-Shopper. Preisagentur-Systeme weisen Interessenten für ein vorgegebenes Produkt das bestmögliche, meist preisniedrigste Angebot nach und erhalten für diese Suche eine Provision. Power-Shopping-Systeme bündeln die Nachfragemenge mehrerer Interessenten, um dafür unter Nutzung der Mengendegression einen besonders niedrigen Preis bei Anbietern herauszuholen. Auch sie finanzieren sich überwiegend durch Provision. Auf diese Weise lassen sich im Bereich klar definierter Serien- und standardisierter Massenprodukte erhebliche Einkaufsvorteile erzielen.

Hinsichtlich der Abschlussgestaltung kann man virtuelle Marktplätze mit statischer oder dynamischer Preisbildung unterscheiden. Bei **statischer Preisbildung** handelt es sich im Wesentlichen um Web-Kataloge, in denen autorisierte Interessenten ortsunabhängig und permanent Informationen durch virtuelle Präsentation von Produkten und kundenspezifischen Problemlösungen erhalten. Diese Kataloge können Funktionalitäten zur direkten Bestellung oder nur zur Einsicht bieten, sie können nur die Angebote eines Anbieters oder aber die mehrerer Anbieter vereinen und Produktinhalte oder auch nur Adressinhalte (analog zu Gelben Seiten) enthalten. Die Preise sind feststehend, es erfolgt keine Individualisierung, außer durch übliche Rahmenverträge, Rabattstaffeln o. Ä.

Bei **dynamischer Preisbildung** handelt es sich um virtuelle Marktveranstaltungen in Nachfragerkonkurrenz (Auktion, Einschreibung) und Anbieterkonkurrenz (Lizitation, Ausschreibung):

▶ Die Auktion ist eine öffentliche Veranstaltung, bei welcher ein Anbieter potenzielle Nachfrager zur Gebotsabgabe auffordert. Dies eignet sich für Produkte mit unbekanntem Marktwert, für die Vermarktung von Überschuss-mengen und bei großen Preisschwankungen. Die Auktio-nierung beginnt mit einem Mindestgebot, den Zuschlag erhält der Meistbietende (auf Aufstrich/englische Aukti-on), alternativ kann auch mit einem Höchstpreis gestartet werden (auf Abstrich/holländische Auktion). Bei der Vickrey-Auktion erhält der Höchstbietende den Zuschlag zum Preis des zweithöchsten Gebots.

▶ Eine Einschreibung ist eine nicht-öffentliche Veranstal-tung, bei welcher ein Anbieter ausgewählte Nachfrager zur Gebotsabgabe auffordert (geheime Auktion).

▶ Eine Lizitation ist eine öffentliche Veranstaltung, bei wel-cher ein Nachfrager potenzielle Anbieter zur Angebots-abgabe auffordert (Reverse Auction).

▶ Eine Ausschreibung (Submission) ist eine nicht-öffentli-che Veranstaltung, bei welcher ein Nachfrager ausgewähl-te Anbieter zur Angebotsabgabe auffordert. Dies ist eher für höherwertige Produkte angezeigt.

 Allerdings haben virtuelle Marktplätze auch ihre Tücken (hier am Beispiel Auktion). So kann beim Bid Shilling der Anbieter als verdeckter Bieter auftreten, um den Preis sukzessiv hochzutreiben (dagegen schützt eine Identitätsüberprüfung der Bieter); beim Bid Shielding verabre-den sich zwei Bieter derart, dass der eine Bieter ein sehr hohes Preisgebot zur Abschreckung der anderen abgibt und der andere Bieter ein weiteres niedrigeres Preisgebot, wobei Ers-terer sein Gebot dann später zurückzieht (daher Ausschluss der Leistungsverweigerung oder Garantiegestellung); beim Sniping tritt ein Bieter erst unmittelbar vor Ende der Auktion auf und gibt ein marginal höheres Gebot als das bisherige Höchstgebot ab, um den Zuschlag zu erhalten (daher Ausdeh-nung der Auktionszeit oder Vorgabe fester Preisschritte).

2.5 Angebotseinholungsphase

Die Angebotseinholung ist der nächste Schritt zur Anbahnung des Geschäftsabschlusses. Zwischenzeitlich geht es selbst bei Routinebeschaffungen nicht mehr ohne mindestens dreifache Angebotseinholung (**Triple Pitch**). Dies gilt erst recht bei öffentlichen Auftraggebern, zumal dabei formalisierte Vergabeverfahren hinzukommen (nach LSP, VPöA).

Bei der Angebotsabgabe kommt es auf vielfältige Angebotsbestandteile an, die im Vertrieb geschickt berücksichtigt werden müssen:

▶ Der gesetzliche **Erfüllungsort** ist dort, wo der Schuldner seinen Wohnsitz oder gewerblichen Sitz hat, d. h. für die Warenlieferung der Ort des Verkäufers, für die Kaufpreiszahlung der Ort des Käufers. Vertraglich kann jedoch davon beliebig abgewichen werden. Meist einigt man sich auf einen gemeinsamen Erfüllungsort, normalerweise den Ort des Verkäufers für Lieferung und Zahlung. Der Gefahrenübergang ist durch Hol-, Schick- oder Bringschuld bestimmt. Gesetzlich sind Warenschulden Holschulden, es gilt also der Ort des Verkäufers als Übergabepunkt für Kosten und Risiken, es sei denn, die Übergabe der Waren kann ihrer Natur nach erst am Ort des Käufers erfolgen (z. B. Heizöleinfüllung in Tank) oder den Verkäufer trifft ein Verschulden an Warenuntergang oder -beschädigung. Geldschulden sind hingegen Schickschulden, es gilt also der Ort des Verkäufers als Übergabepunkt für Kosten und Risiken.

▶ Der **Gerichtsstand** ist der Ort, an dem sich bei Leistungsstörungen ergebende Streitigkeiten ausgetragen werden. Gesetzlicher Gerichtsstand ist der Wohn- bzw. Geschäftssitz des Schuldners, d. h. für die Warenschuld der des Verkäufers, für die Geldschuld der des Käufers. Vertraglich kann Abweichendes vereinbart werden; sofern es sich nicht um ein Geschäft mit Privaten handelt, ist dies meist der Ort des Verkäufers für Ware und Geld (analog zum Erfüllungsort).

▶ **Art, Güte und Beschaffenheit** der Waren dienen zur eindeutigen Spezifikation, meist anhand von Abbildungen und Beschreibungen (Konstruktionszeichnung), Mustern (Entwurf) und Proben dieser Waren. Vielfach ist auch eine Standardisierung durch Güteklassen (Handelsklassen, Typgruppen), Waren- und Gütezeichen möglich. Ersatzweise können Angaben zu Warenherkunft (Provenienz) oder Warenalter als Orientierung gelten. Häufig wird hingegen eine detaillierte Warenzusammensetzung angegeben (etwa bei Spezialitäten).

▶ Der **Preis pro Wareneinheit** basiert auf gesetzlichen Maßeinheiten, Stückzahlen oder auch handelsüblichen Mengenbezeichnungen. Außerdem muss außerhalb der EU die Abrechnungswährung bestimmt werden (also die lieferanteneigene, die kundeneigene oder eine dritte, neutrale Währung).

▶ Die **Lieferungsbedingungen** haben erheblichen Einfluss auf die Profitabilität eines Auftrags. Zu denken ist hier an Transportkosten, Verpackungskosten und Lieferzeitgestaltung. Die gesetzliche Regelung sieht vor, dass der Käufer die Ware beim Verkäufer abzuholen hat. Beim Platzkauf trägt der Käufer alle Beförderungskosten, beim Versendungskauf trägt der Verkäufer die Kosten bis zur Versandstation, alle weiteren Kosten trägt der Käufer. Abweichend davon können andere Regelungen vereinbart werden (z. B. international auf Grundlage der

Incoterms). Die Verpackungskosten werden nach Gesetz vom Käufer getragen. Sie können aber auch im Preis eingerechnet sein. Bei der Lieferzeit gilt nach Gesetz, dass Waren sofort zu liefern sind. Abweichende Vereinbarungen betreffen verbreitet den Terminkauf, der die Lieferung zu einem exakt festgelegten Zeitpunkt vorsieht, den Fristkauf, der die komplette Lieferung innerhalb einer vereinbarten Frist vorsieht, und den Kauf auf Abruf, wobei der Käufer Warenpartien innerhalb einer bestimmten Frist abfordern kann (häufige Form als Rahmenvertrag).

▶ Die **Zahlungsbedingungen** haben erheblichen Einfluss auf die Profitabilität eines Auftrags. Zu denken ist vor allem an Zahlungszeitpunkt und Preisnachlässe. Die Zahlung kann vor der Lieferung (Anzahlung/Vorauszahlung), bei der Lieferung (Zug um Zug) oder nach der Lieferung (Zielkauf/Ratenkauf) vereinbart werden. Gesetzlich ist eine sofortige Bezahlung der Waren vorgesehen. Bei Lieferung mit Zahlungsziel kann vom Abnehmer mit vorzeitiger Zahlung ein Skontoabzug einbehalten werden. Dabei erfolgt die Lieferung meist unter Eigentumsvorbehalt, d. h., die Ware bleibt bis zur vollständigen Kaufpreisbegleichung im Eigentum des Lieferanten.

▶ Hinsichtlich der **Schiedsgerichtsabrede** unterwerfen sich beide Seiten durch freie Vereinbarung dem Spruch eines oder mehrerer institutionalisierter Schiedsrichter. Ein Beteiligter kann dann erst ein ordentliches Gericht anrufen, nachdem er den Schiedsspruch abgewartet hat (so lange hat der andere Beteiligte das Recht der Einrede). Ordentliche Gerichte können Beschlüsse von Schiedsgerichten jederzeit aufheben und durch eigene Urteile ersetzen.

2.6 Angebotsbewertungsphase

Bei der Angebotsbewertung ist entscheidend, welche Beurteilungsregeln der potenzielle Kunde anlegt. Es lassen sich vier wesentliche Beurteilungsregeln (Kaufheuristiken) unterscheiden:

▶ **Konjunktive** Regel: Durch den Nachfrager wird für jedes Angebotsmerkmal ein Mindestanspruchsniveau festgelegt. Es wird dasjenige Angebot ausgewählt, das hinsichtlich aller Attribute diesem Mindestanspruch genügt. Die Nichterfüllung eines Attributs kann selbst durch die Übererfüllung anderer Attribute nicht ausgeglichen werden.

▶ **Disjunktive** Regel: Durch den Nachfrager werden als unverzichtbar angesehene Angebotsmerkmale festgelegt. Es wird nur dasjenige Angebot ausgewählt, das alle Attribute erfüllt. Ein Angebot, das einzelne dieser Attribute nicht erfüllt, kommt allein schon deshalb nicht zum Zuge.

▶ **Lexikografische** Regel: Durch den Nachfrager werden die verschiedenen Angebote hinsichtlich ihrer wichtigsten Merkmale verglichen. Es wird dasjenige Angebot gewählt, das in diesen kundenwichtigen Attributen die besten Ausprägungen hat. Untererfüllungen bei diesen können auch durch besondere Leistungen bei anderen Attributen nicht ausgeglichen werden.

▶ **Kompensatorische** Regel: Durch den Nachfrager werden die verschiedenen Angebote hinsichtlich ihrer wichtigsten Merkmale verglichen. Negative Ausprägungen hinsichtlich einzelner Attribute können dabei, im Unterschied zu den vorgenannten Regeln, durch positive Ausprägungen hinsichtlich anderer Attribute ausgeglichen werden. Dabei können Beurteilungsmodelle (führen zur absolut besten

Alternative) oder Auswahlmodelle (führen zu einer Rangfolge der Alternativen) angewendet werden. Die Bewertung der Kriterien kann dabei im Einzelnen vollständig oder teilweise, gleichwertig oder gewichtet, einzeln oder paarweise erfolgen.

Im Fall kooperativer Entwicklung ist auch die Fähigkeit eines Lieferanten zur Vorentwicklung von Bedeutung. Darunter versteht man den Funktionsnachweis einer technischen Problemlösung und die Umsetzung in Form eines Prototyps. Darüber hinaus ist auch die Prüfung der Produktionsverfahren wichtig. Nur so ist gewährleistet, dass die alles entscheidende, unzweifelhaft hohe Qualität bereits im Serienanlauf eines Neuprodukts bzw. unmittelbar nach Lieferantenwechsel gewährleistet ist. Dies bedeutet zwar erhebliche Vorinvestitionen seitens des Lieferanten, dafür winkt jedoch bei erfolgreichem Abschluss ein Dauerliefervertrag (**Lifetime Contract**) mit pauschaliert zugesicherten Abnahmemengen.

Zur Verfeinerung werden die einzelnen Angebotsattribute von potenziellen Kunden meist einem Punktbewertungsverfahren unterzogen. Werden dabei nur quantitative Kriterien zu Grunde gelegt, handelt es sich um ein **Scoring**. Aufgabe des Vertriebs ist es hier, auf die zur Bewertung herangezogenen Kriterien proaktiv Einfluss zu nehmen, und zwar hinsichtlich ihrer tatsächlichen Berücksichtigung/Nichtberücksichtigung oder auch hinsichtlich ihrer graduellen Gewichtung.

Häufig sind es aber gerade die qualitativen Kriterien, die für eine Auftragserteilung ausschlaggebend sind. Dann ist es für den potenziellen Kunden erforderlich, diese im Rahmen der Angebotsbewertung zu quantifizieren. Dies erfolgt über eine **Nutzwertanalyse**. Dabei werden bestimmten Ausprägungsspannen qualitativer Kriterien Punkte zugeordnet, die dann für jedes Angebot addiert werden. Nicht selten wird dabei allerdings eine Scheingenauigkeit vorgespiegelt. Auch hier ist es Aufgabe des Vertriebs, auf die Kriterien und die zugeordneten Punktwerte Einfluss zu nehmen, um das Ergebnis zu modellieren.

Zunehmend werden von Auftraggebern aber auch komplexe, leistungsfähigere Verfahren zur Angebotsbewertung eingesetzt:

▶ Im Rahmen der Wertgestaltung versuchen Abnehmer, die Einsatzkosten für die Erfüllung bestimmter Funktionen im Endprodukt am dafür von Nachfragern wahrgenommenen Nutzen auszurichten. Alle Funktionen, die in ihrem Kostenanteil über deren Wertanteil liegen, sind daher entweder in ihrer Konzeption so weit zu vereinfachen, dass sie zu günstigeren Kosten herstellbar sind, oder in ihrer Wertschätzung durch Nachfrager so weit anzuheben, dass sie die gegebenen Kosten in der Kundenwahrnehmung rechtfertigen. Mittel dazu ist die Wertanalyse, die versucht, die gleiche Funktionserfüllung zu niedrigeren Kosten bzw. eine bessere Funktionserfüllung zu gleichen Kosten zu erreichen. Daher ist es im Vertrieb hilfreich, wenn eine hohe Nutzenwahrnehmung bei Nachfragern nachgewiesen werden kann.

Intel hat es geschafft, für seine Prozessoren am Endnachfragermarkt eine sehr hohe Nutzenschätzung zu erreichen. Diese hohe Nutzenschätzung erlaubt im Rahmen der Wertgestaltung wiederum die Durchsetzung hoher Einsatzpreise bei Computerherstellern, wohingegen Anbieter ohne hohe Nutzenschätzung bei Endnachfragern in ihrem Preis durch diese geringe Ausprägung limitiert werden.

▶ Aus der Wertgestaltung ergibt sich im Rahmen der **Zielkostenrechnung** eine exakte Vorstellung für Kostenobergrenzen bei Lieferanten. Deren Selbstkosten (Allowable Cost) dürfen dann, nach Zuschlag des von ihnen gewünschten Gewinns (Target Profit), maximal so hoch sein, wie es der Preisbereitschaft des Abnehmers für die damit realisierten Funktionen entspricht. Produkte, deren Einstandskosten darüber liegen, sind für Abnehmer nur akzeptabel, sofern es ausnahmsweise andere Produkte gibt, deren Einstandskosten unter ihrer Preisbereitschaft für die Funktionserfüllung liegen. Ansonsten ist für Lieferanten eine Reduktion der Kosten unverzichtbar (Drifting Cost), soll die Marktakzeptanz oder der Zielgewinn nicht gefährdet werden.

▶ Eine weitere wichtige Größe für Gebrauchsgüter (Anlagevermögen) sind die **Lebenszykluskosten** (Total Costs of Ownership), d. h., für die Auftragserteilung sind nicht mehr nur die (einmaligen) Anschaffungskosten zentral, sondern auch die (laufenden) Betriebskosten. Im Einzelnen entstehen Kosten außer in der Nutzungsphase auch in der Vorlaufphase, z. B. für FuE, Marktforschung, Prozessumstellung, und in der Nachlaufphase, z. B. für Reparatur, Kulanz, Verwertung. Dem stehen zugleich Erlöse in diesen Phasen gegenüber, in der Vorlaufphase z. B. Subventionen, Steuervergünstigungen und in der Nachlaufphase z. B. Kundendienst, Restverkauf, Ersatzteile.

 Dies kann jeder nachvollziehen, der ein Faxgerät sein Eigen nennt. Der Anschaffungspreis ist mittlerweile sehr gering. Die laufenden Kosten fallen aber erheblich ins Gewicht, und zwar sowohl in Form von Thermopapierrollen oder Tonerkassetten, die beide einen hohen Preis haben, als auch nur durch Telefongebühren.

2.7 Anbieterauswahlphase

Von zentraler Bedeutung für die Anbieterauswahl ist heute die Logistik, weil logistische Prozesse die tatsächliche Kontaktaufnahme mit dem Markt limitieren. Nachfragerseitige Anforderungen, die in diesem Zusammenhang an die Lieferfähigkeit gestellt werden, beziehen sich auf folgende Aspekte:

- Kurze **Lieferzeit** als vergangene Zeitspanne zwischen Auftragserteilung und Verfügbarkeit. Denn Zeitvorteile sind angesichts des Zeitwettbewerbs Wettbewerbsvorteile und daher von immenser Bedeutung.
- Hohe **Lieferzuverlässigkeit** als Lieferung exakt der gewünschten Waren. Nur der Nachweis einer 100 %igen Bestellgenauigkeit wird von Abnehmern noch akzeptiert.
- Hohe **Lieferflexibilität** als Berücksichtigung von Änderungen bis zur Lieferausführung. Dies stellt erhebliche Anforderungen an die betriebliche Organisation des Lieferanten.
- Hohe **Lieferbereitschaft** als unmittelbare Verfügbarkeit gewünschter Waren. Dies steht im Konflikt zur Kapitalbindung beim Erhalt der Lieferfähigkeit.
- Einwandfreie **Lieferbeschaffenheit** als Einhaltung vereinbarter Qualitätsanforderungen. Hier sind Reklamationen inakzeptabel und führen meist zu Retouren und Geschäftsabbruch bzw. Erlösschmälerungen.

Die Erteilung des Zuschlags wird häufig durch einen **Letter of Intent** (LoI) erhärtet. Er ist informeller Natur und in seinem Inhalt unverbindlich. Zumeist dauert jedoch die Ausarbeitung vertraglicher Details noch so lange, dass dem Abnehmer zur Beschleunigung der Geschäftsprozesse daran gelegen ist, diese Absichtserklärung zu geben. Außerdem stellt der LoI dem Lieferanten sicher, dass ihm Aufwendungen, die er zur Vorbereitung der Geschäftsabwicklung ab Unterzeichnung eines LoI tätigt, von Kunden auch ersetzt werden, falls es nicht zum Geschäftsabschluss kommt.

Am Ende der Verhandlungen steht eine **Lieferantenvereinbarung**, die, im Unterschied zur Absichtserklärung, formal verbindlich und ausführlich ausgelegt ist. Darin werden über die rein juristischen Vertragsinhalte hinaus vor allem Anhaltspunkte zur prozessualen Zusammenarbeit zwischen Lieferanten und Abnehmer fixiert. Dies ist für Abnehmer umso bedeutsamer, je mehr ihr eigener Markterfolg vom Funktionieren der Lieferanten abhängig ist, also bei geringer Fertigungstiefe und Single Sourcing. Die Ausgestaltung der Inhalte hängt im Einzelnen von der relativen Verhandlungsmacht und dem Geschick der Beteiligten ab.

Von Bedeutung ist dabei vor allem eine wohl unvermeidliche Informationsasymmetrie zwischen Abnehmer und Lieferanten, denn der Lieferant weiß zunächst sehr wohl, wie er zu leisten gedenkt, der Abnehmer aber kann nur hoffen, dass der Lieferant sich an seine Bekundungen hält (wenn nicht durch Garantiehinterlegung besichert). Umgekehrt weiß der Abnehmer später sehr wohl, wie sein Zahlungsverhalten ausfällt, der Lieferant hingegen kann nur hoffen, dass seine Forderung nach Leistung auch beglichen wird (wenn nicht durch Zahlungsbedingungen besichert). Beide Seiten haben daher ein Interesse daran, Sicherheit zu gewinnen. Dies geschieht vor allem durch Anreize, die jedem Partner in Aussicht gestellt werden, wenn er sich an seine Zusagen hält (z. B. Skonto bei vorzeitiger Zahlung) und Beiträge, die jeder Partner leisten muss, wenn er sich nicht an seine Zusagen hält (z. B. Fälligkeit von Vertragsstrafen). Nur wenn Anreize bzw. Beiträge größer sind als die Ausnutzung eines spezifischen Informationsvorsprungs (**opportunistisches Verhalten**), wird die Transaktion funktional ablaufen.

Letztlich geht es dem Nachfrager um die gleichzeitige Erfüllung von vier Anspruchsgrößen: Preis, Qualität, Zeit und Individualisierung. In Bezug auf den Preis ist es naturgemäß das Ziel des Abnehmers, den niedrigstmöglichen Preis für ein Einkaufsobjekt zu realisieren. Zugleich ist es sein Ziel, dafür die höchstmögliche Qualität zu erreichen. Die gleichzeitige Umsetzung beider Ziele führt zur Wahl des günstigsten Preis-Qualitäts-Verhältnisses. Dabei ist die Zeit als immer wichtigerer Leistungsparameter anzusehen, sodass Zeitvorteile ein bedeutsames Argument darstellen. Weiterhin ist es unerlässlich, mit einem Partner zusammenzuarbeiten, der in der Lage ist, individuell passende Problemlösungen maßzuschneidern (Customization).

Ein Abnehmer kann sich auf Grund opportunistischen Verhaltens nicht sicher sein, dass er in seinen Lieferanten die jeweils günstigste Kombination dieses magischen Vierecks realisiert. Dazu bedarf es vielmehr der Leistungsmessung. Ein probates Mittel dazu ist das **Benchmarking**. Darunter versteht man den Vergleich eines Anbieters unter Konkretisierung seiner Leistungen in Ergebnissen, Verfahren und Potenzialen mit anderen, in Bezug auf diese Größen vergleichbaren Anbietern, die beispielgebende Leistungen erbringen (Best in Class), sowie die Übertragung der dabei gewonnenen Erkenntnisse. Dies funktioniert freilich nur auf gegenseitiger Basis, sodass sich zum gegenseitigen Nutzen Benchmarking Networks herausgebildet haben.

Das Benchmarking kann sich auf verschiedene Inhalte beziehen. **Strategisches** Benchmarking hat den Vergleich von Geschäftsmodellen zum Inhalt, **operatives** Benchmarking den Vergleich von Geschäftsprozessen. **Internes** Benchmarking bezieht sich auf den Vergleich ähnlicher Geschäftseinheiten innerhalb eines Unternehmens, **externes** Benchmarking auf den Vergleich ähnlicher Unternehmen untereinander. Bei **kompetitivem** Benchmarking geht es um den Vergleich zwischen in Wettbewerb zueinander stehenden Unternehmen, bei **generischem** Benchmarking um den Vergleich grundlegender Prozesse in unterschiedlichen Branchen. Bei **funktionalem** Benchmarking stehen gleiche Funktionen in unterschiedlichen Branchen im Fokus, bei **strukturellem** Benchmarking unterschiedliche Funktionen innerhalb der gleichen Branche.

2.8 Nachverhandlungsphase

Nach der Anbieterauswahl geht es in der Nachverhandlungsphase darum, die Details eines Abschlusses festzuschreiben. Dabei ist von antinomischen Zielsetzungen auf Verkäufer- und Käuferseite auszugehen. Wer sich dabei durchsetzt, ist zumeist eine Frage von Macht und Taktik. Hinsichtlich Ersterem liegt häufig eine **Nachfragemacht** vor, die den Spielraum im Verkauf erheblich einengt. Hinsichtlich Letzterem kann immerhin eine klügere **Verhandlungstaktik** eingesetzt werden.

Außerdem sind die Nachverhandlungen davon abhängig, ob schon Geschäftsbeziehungen zwischen den prospektiven Vertragspartnern bestehen oder bestanden haben, oder ob die Geschäftsbeziehung erstmals eingegangen wird. Bei Erstauftragserteilung sind naturgemäß umfangreichere Klärungen erforderlich, als wenn es sich um „Running Business" handelt.

Weiterhin sind die Nachverhandlungen vom Risikograd der Anschaffung für beide Seiten abhängig. Dieses Risiko wird gebildet aus Faktoren wie absolute Kostenhöhe, voraus-sichtliche Bindungsdauer, komparative Bedeutung des An-schaffungsobjekts, relativer Neuheitsgrad des Produkts etc.

Bei der Gestaltung der Interaktion zwischen Anbieter und Nachfrager helfen Typisierungen der Verhandlungs-partner:

▶ Die Einteilung nach **Charaktertypen** ergibt folgende Aus-prägungen:

 Der **Aggressive** ist provozierend, ständig schlecht gelaunt und sieht nur Probleme. Er reklamiert dau-ernd, ist unzufrieden, zum Teil auch erregt, unter-bricht öfter, unterstreicht seinen Ärger durch Mimik und Ges-tik und erwartet daraufhin Zugeständnisse.

Hier ist es hilfreich, Verständnis zu signalisieren und immer wieder Übereinstimmung zu erreichen. Man sollte ihn zu-nächst reden lassen, Interesse und Verständnis für seine Si-tuation zeigen, sich auf nichts einlassen und Ruhe bewahren, stets sachlich bleiben, öffnende Fragen stellen und eine Ver-trauensbasis schaffen.

Der **Schüchterne** ist zögerlich und leicht zu irritieren. Er wirkt unsicher, spricht mit Unterbrechungen, ist eher wort-karg und einigermaßen unentschlossen, errötet manchmal, vermeidet längere Gespräche und verhält sich allgemein sehr vorsichtig.

Hier ist es sinnvoll, keine Alternativen aufzuzeigen, Vertrauen zu gewinnen und Garantieerklärungen abzugeben. Man sollte ihn nicht drängen, nicht zu viele Details des Angebots ansprechen, die Meinung des Kunden, sofern vertretbar, be-jahen, um ihm Erfolgserlebnisse zu bieten, ihm Sicherheit durch Bestätigung vermitteln, Bedürfnisse durch Fragen er-mitteln, sein Selbstvertrauen heben, ihn zum Reden ermun-tern und nicht allzu sehr auf sofortige Entscheidungen drän-gen.

Der **Vielredner** ist egozentrisch und weitschweifig. Er lässt seinen Gesprächspartner kaum oder gar nicht zu Wort kommen, unterbricht den Gesprächspartner öfter, sucht Selbstbestätigung, schweift oft vom Thema ab und erzählt gern von sich selbst.

Hier gilt es, ihn auf den Punkt zu bringen, seinen Sprachschwall zu reduzieren und Klarheit zu schaffen. Man sollte ihn zunächst reden lassen, interessiert zuhören, ihn in ruhigem, aber bestimmtem Ton ansprechen, bei sich bietender Gelegenheit taktvoll unterbrechen, sein Selbstwertgefühl positiv ansprechen und durch geschlossene Fragen zum Kern führen.

Der **Schweiger** ist misstrauisch, ablehnend und schwer integrierbar. Er weist eine starre Mimik und abrupte Gestik auf, er hat meist schlechte Laune, provoziert sehr gern, und das in einem aufbrausenden Tonfall.

Hier ist es wichtig, sein Vertrauen zu gewinnen, das Gespräch aufzulockern und ihn einzubeziehen. Man sollte ruhig bleiben, ihn bei seinem Ehrgeiz packen, sein Wissen und seine Erfahrungen hervorheben sowie Formulierungen verwenden, die Übereinstimmung signalisieren.

Der **Rechthaberische** widerspricht gern und tritt energisch auf. Er weiß alles besser, beharrt auf seiner Meinung, hat ein hohes Geltungsbedürfnis, sucht Auseinandersetzung und neigt zu endlosen Monologen.

Hier gilt es, als Verkäufer besser nicht zu widersprechen und ihn durch geschlossene Fragen zu lenken. Man sollte ruhig bleiben, auf eine enge Gesprächsführung achten, ihm viel Zustimmung und Lob geben, sein Geltungsbedürfnis befriedigen, Belehrungen vermeiden und sich im Gespräch nicht auf Randgebiete einlassen.

Der **Nervöse** ist unkonzentriert, aktionistisch und ständig in Eile. Er springt von Thema zu Thema, unterbricht Verhandlungen immer wieder wegen vermeintlich wichtigerer, anderer Angelegenheiten und muss daher jedes Mal erneut in die Argumentation eingebunden werden.

Hier helfen eine knappe Beratung und der sichtbare Respekt vor der tatsächlichen oder vorgeblichen Terminnot des Gesprächspartners. Ihm sollte dabei vermittelt werden, dass eine effiziente Verhandlungsführung ihm letztlich Zeit spart und damit Reserven für seine anderen Aufgaben schafft.

Der **Arrogante** ist überheblich, kritikempfindlich und eitel. Er lässt den Gesprächspartner gern seine Überlegenheit spüren, gibt sich betont selbstsicher, ist sehr anspruchsvoll, verträgt keinen Widerspruch und legt Wert auf Status.

Hier werden Suggestivformulierungen und Referenzaussagen sinnvoll zur Bestätigung eingesetzt. Man sollte Interesse zeigen, ihn ausführlich und kompetent beraten, besonders intensiv auf die persönlichen Bedürfnisse des Kunden eingehen, ihm häufig zustimmen und ihn nicht kritisieren.

Der **Positive** ist sanftmütig, konstruktiv und selbstsicher. Er geht lächelnd auf den Gesprächspartner zu, hat zumeist eine offene Körperhaltung, zeigt Interesse und lässt sich gern beraten. Er geht zügig und direkt auf sein Ziel zu, ohne dabei hinterhältig oder sonst wie schwierig zu sein.

Man sollte ihn freundlich ansprechen, das Selbstwertgefühl des Kunden bestätigen, verbindliche sachliche Aussagen treffen und dem Kunden ausreichend Zeit zur Entscheidung geben.

Der **Träge** ist uninteressiert, wortkarg und gelangweilt. Er spricht wenig und ist tendenziell verschlossen, antwortet häufig mit einzelnen Worten statt in ganzen Sätzen, wirkt unbeteiligt und demonstriert weithin Passivität.

Hier ist es wichtig, den Punkt seines Interesses zu finden und ihn darauf zu sensibilisieren. Man sollte ihn besonders freundlich und ruhig ansprechen, auffordern, von sich zu erzählen, Interesse signalisieren und ausreichend Zeit zum Antworten geben.

Der **Trickser** ist gewitzt und wartet nur darauf, dass man in die von ihm aufgestellten Verhandlungsfallen tappt, um dann zuzuschlagen. Er ist wachsam und abwartend, ziemlich wortkarg, sucht den Punkt, wo er einhaken kann, um dann dort penetrant nachzuhaken, und will überzeugt werden.

Man sollte für ihn kurz, präzise und prägnant formulieren, Vertrauen aufbauen, Sicherheit ausstrahlen, sich nicht durch Fragen hereinlegen lassen, aktiv zuhören, seine Fragen durch Gegenfragen beantworten und im Gespräch besonders wachsam sein.

▶ Die Einteilung nach **Temperamentstypen** ergibt folgende Ausprägungen:

 Der **Sanguiniker** ist ein heiterer Typ und Lebenskünstler, aber nicht immer verlässlich. Er gilt in seinem Wesen als extravertiert und stabil, führend, gesellig, gesprächig, großzügig, lebhaft, mitteilsam, sorglos und verständnisvoll.

Der **Choleriker** ist leicht reizbar und durcheinander zu bringen, hat aber einen positiven Kern. Er gilt in seinem Wesen als extravertiert und instabil, aggressiv, aktiv, impulsiv, optimistisch, unruhig und wechselhaft.

Der **Phlegmatiker** ist durch Ruhe und Beständigkeit geprägt, kann aber auch schwerfällig sein. Er gilt in seinem Wesen als introvertiert und stabil, ausgeglichen, beherrscht, friedlich, nachdenklich, passiv, ruhig, sorgfältig und zuverlässig.

Der **Melancholiker** ist zwar schwermütig und trübsinnig, aber oft auch beharrlich. Er gilt in seinem Wesen als introvertiert und instabil, ängstlich, launisch, nüchtern, pessimistisch, starr, still, ungesellig und zurückhaltend.

Diese Einteilung leidet vor allem unter der schwierigen Diagnostizierbarkeit der Typen, zumal das Verhalten mindestens ebenso viel von momentanen Erlebnissen und Eindrücken abhängt wie vom Temperament.

▶ Die Einteilung nach **Gehirnstrukturtypen** ergibt folgende Ausprägungen:

Der **Stammhirn-Typ** („grün") sucht und findet rasch persönlichen Kontakt, hat ein Gespür für Menschen, ist beliebt, baut auf Bekanntem auf, wird von Erfahrungen geleitet, meidet radikale Veränderungen, verfügt über Intuition und Sensibilität, erfasst Signale aus dem Unbewussten, kann sich auf erste Eindrücke verlassen und hat Erfolg durch Sympathie.

Der **Zwischenhirn-Typ** („rot") besitzt natürliche Autorität und Überlegenheit, misst sich gern mit und an anderen, erfasst den Augenblick, entscheidet spontan, ist von mitreißender Dynamik, denkt konkret und praktisch, erkennt das Machbare, neigt zum Probieren, ist gut im Improvisieren und hat Erfolg durch Imponieren.

Der **Großhirn-Typ** („blau") braucht Abstand, gewinnt erst bei längerem Kennenlernen, lässt nicht in sich hineinschauen, muss alle Konsequenzen erst zu Ende denken, tut nichts ohne Plan, teilt die Zeit fest ein, denkt systematisch, hat ein hohes Abstraktionsvermögen und beherrscht die Sprache als Werkzeug.

In der Nachverhandlung sind es vor allem immer wieder die gefürchteten Killerphrasen, die ein Gespräch zum Stocken bringen. Unabhängig von der differenzierten Situation sind dabei generell folgende Techniken, variierend eingesetzt, hilfreich anwendbar:

 Zeitgewinn im Gespräch durch
- bestätigende, jedoch keinesfalls zustimmende Äußerung (wie „interessant", „ach was", „ah ja"),
- Ignorierung der Killerphrasen (überhören) und unbeirrte Fortführung des Gesprächs,
- Zusage näherer Informationseinholung bei gleichzeitiger Zurückstellung der Einlassung,
- vorgebliches Nichtverstehen der Einlassung und Aufforderung zur näheren Erläuterung.

Verpuffenlassen der Einlassung durch
- rhetorische Replik (wie „immer noch besser als", „gerade weil dies so ist"),
- Reaktion mit bedeutend klingendem Phrasendreschen („Bullshit-Bingo"),
- Rückfrage mit der Bitte um Erklärung der Hintergründe der Einlassung.

Entgegnung durch
- überspitzte Wiederholung, die den Gegenüber zur Relativierung veranlasst,
- Hinweis auf Verletzung konstruktiver und fairer Gesprächsführung.

Abfederung durch
- weichspülende Komplimente an den Gegenüber (wie längere Erfahrung, mehr Geschick),
- entwaffnende Entschuldigung und Versprechen der Besserung,
- Unterstellung der weithin akzeptierten Richtigkeit des eigenen Verhaltens.

2.9   Kaufabwicklungsphase

Für Verbrauchsgüter ist die Durchführung des Bestellverfahrens in der Kaufabwicklungsphase von zentraler Bedeutung. Darauf wirken vor allem die Beschaffungszeit, also die Zeitspanne zwischen Auftragserteilung und tatsächlicher Verfügbarkeit bestellter Waren, und die Einhaltung optimaler Bestellmengen, also die Minimierung der Kapitalbindungskosten bei gegebenem Servicegrad, ein.

Das **Bestellpunktverfahren** ist eine Bestelldoktrin, bei der zu einem jeweils veränderlichen Liefertermin disponiert wird. Der Bestellpunkt ist diejenige Menge, bei der eine Beschaffung ausgelöst wird. Wird dabei jeweils bis zum Grundbestand aufgefüllt, ergeben sich folgende Techniken:

▶ Bei der s-q-Technik wird eine konstante Bestellmenge disponiert, die jeweils bei Mindestbestandsunterschreitung ausgelöst wird (Bestellpunkt-Bestellmengen-Verfahren).

▶ Bei der s-S-Technik wird eine veränderliche Bestellmenge disponiert, die jeweils bei Mindestbestandsunterschreitung ausgelöst wird (Bestellpunkt-Grundbestands-Verfahren).

▶ Bei der t-s-q-Technik wird eine konstante Bestellmenge disponiert, die bei intervallbezogener Prüfung des Mindestbestands ausgelöst wird (Bestellpunkt-Bestellmengen-Zeitintervall-Verfahren).

▶ Und bei der t-s-S-Technik wird eine veränderliche Bestellmenge disponiert, die bei intervallbezogener Prüfung des Mindestbestands ausgelöst wird (Bestellpunkt-Grundbestands-Zeitintervall-Verfahren).

Das **Bestellrhythmusverfahren** ist eine Bestelldoktrin, bei der zu einem festen Liefertermin disponiert wird. Der Bestellrhythmus ist derjenige Intervall, der zwischen den Bestellprüfungen bzw. -auslösungen liegt. Wird wiederum jeweils bis zum Grundbestand aufgefüllt, ergeben sich folgende Techniken:

▶ Bei der t-q-Technik wird zu einem festen Zeitpunkt eine konstante Bestellmenge bei Unterschreitung des Mindestbestands disponiert (Bestellrhythmus-Bestellmengen-Verfahren).

▶ Bei der t-S-Technik wird zu einem festen Zeitpunkt eine veränderliche Bestellmenge bei Unterschreitung des Mindestbestands disponiert (Bestellrhythmus-Grundbestands-Verfahren).

Ziel dieser Verfahren ist es jeweils, die Fehlmengenkosten, d. h. die Opportunitätskosten auf Grund nicht realisierter, an sich abrechenbarer Leistungen, zu minimieren. Dabei entsteht allerdings ein Zielkonflikt derart, dass diese Minimierung zum Aufbau hoher Kapitalbindung im Umlaufvermögen führt. Gerade dies ist aber zu Zeiten von Lean Productions nicht tolerierbar. Daher ist eine Optimierung beider Kostenverläufe im Gesamtkostenminimum erforderlich.

Besonders offensichtlich sind die Konsequenzen von Fehlmengen bzw. Kapitalbindung im Einzelhandel. Dort führt die Nichtlieferfähigkeit von Waren womöglich zum Wechsel der Geschäftsstätte mit Umsatzverlust nicht nur für die nicht vorrätige Ware, sondern für die gesamte Einkaufsmenge, evtl. sogar auf Dauer. Zugleich ist die Verkaufsfläche der limitierende Faktor für den Geschäftserfolg, muss also angesichts verbreitet geringer Margen bestmöglich genutzt werden. Zwei Ansätze zur Optimierung betreffen in diesem Zusammenhang ECR und DPP.

Efficient Consumer Response (ECR) stellt auf die effiziente Reaktion vorgelagerter Stufen im Absatzkanal auf die Kundennachfrage ab und betrachtet den Absatzkanal als ganzheitliche Prozesskette. Dazu ist ein intensiver Datenaustausch über computerintegrierte Netzwerke erforderlich. Die elektronische Verkaufsmitteilung aus dem Handel wird dazu online über die verschiedenen zwischengeschalteten Stufen an den Hersteller übermittelt, der diese wiederum als Meldung an seine Zulieferer verarbeitet. Am Kassen-Checkout des Handels wird der Absatz erfasst, die Absätze werden je Laden gesammelt und lösen eine Bedarfsmeldung aus. Diese Meldung geht an die Handelszentrale, von dort an das Zentrallager der Handelsorganisation und von dort wiederum an den Hersteller. Dies löst bei ihm einen Liefervorgang in das Zentrallager aus, und zwar genau in der Menge, wie Ware seit der letzten Lieferung abgeflossen ist. Dazu ist eine partnerschaftliche, auf Vertrauen basierende Kooperation zwischen Hersteller und Handel erforderlich, um Ineffizienzen entlang der Wertschöpfungskette zu beseitigen und allen Beteiligten einen Nutzen zu stiften, der für jeden von ihnen ohne ECR nicht darstellbar wäre. Dabei wird ein konsistentes Durchsatzmessungs- und Anerkennungssystem eingesetzt, wie es durch Techniken wie EAN, Sedas, Sinfos etc. gegeben ist.

ECR besteht im Einzelnen aus zwei Ansatzpunkten, dem (angebotsseitigen) Supply Chain Management und dem Category Management. Letzteres unterteilt sich wiederum in drei nachfrageseitige Bausteine:

▶ Efficient Product Introduction (EPI) hat die gemeinsame Neuproduktentwicklung zwischen Hersteller und Handel zum Ziel, um die mit der Einführung verbundenen Kosten und Risiken zu senken und Neuprodukte in kürzerer Zeit verfügbar zu machen. Dadurch soll vor allem die erhebliche Floprate bei Produkteinführungen gesenkt werden.

▶ Efficient Promotions (EP) hat zum Ziel, Ineffizienzen bei der Verkaufsförderung zu beseitigen und das System der Bevorratung mit großen Warenmengen zu Aktionspreisen (Forward Buying) zu ersetzen, um die Schlagkraft im Absatz zu erhöhen. Vor allem soll die Kapitalbindung durch überhöhte Bestandsmengen an Aktionswaren gesenkt werden.

▶ Efficient Store Assortment (ESA) hat die effiziente Sortimentsgestaltung im Handel zum Ziel. Dazu wird vor allem die Verkaufsflächenoptimierung (Space Management) für eine verbesserte Sortimentsproduktivität eingesetzt, um den Engpass Regalplatz bestmöglich zu nutzen.

Der angebotsseitige Ansatzpunkt wird im Efficient Replenishment (ER) manifestiert. Dieses zielt darauf ab, Ineffizienzen der Waren- und Informationslogistik entlang der Versorgungskette zu bereinigen, indem das herkömmliche Belieferungssystem mit vom Handel aufgegebenen Bestellungen durch einen sich am tatsächlichen Warenabfluss orientierenden Feedback-Prozess ersetzt wird. Dadurch kann ein besserer Service für Konsumenten, vor allem aber eine Optimierung bei Zeit und Kosten im Rahmen der Logistik erreicht werden. Basis sind ein automatisiertes, meist herstellerinitiiertes Bestellwesen und ein Austausch von Abverkaufsdaten via EDI.

Die **Direkte Produkt-Profitabilität** (DPP) ermöglicht die computeroptimierte, artikelgenaue Platzierung von Waren am Handelsplatz in Abhängigkeit von den Größen Einstandspreis, Verkaufspreis, Umschlaggeschwindigkeit, Regalplatzbeanspruchung, indirekten Vergütungen (z. B. WKZs) und Handlungskosten. Der Stückgewinn einer Ware wird dabei auf die Engpassbelastung (also die beanspruchte Regalfläche) in der Betrachtungsperiode (also die belegte Regalzeit) umgerechnet. Von zwei Produkten mit derselben Umschlagshäufigkeit ist dasjenige, das die geringere Regalfläche beansprucht, das profitablere. Von zwei Produkten, welche die gleiche Regalfläche beanspruchen, ist dasjenige mit der höheren Umschlagshäufigkeit das profitablere.

Wird die DPP in Relation zum gebundenen Kapital (Umlaufvermögen) gesetzt, ergibt sich die Direkte Produkt-Rentabilität (DPR). Von zwei Produkten mit gleicher DPP ist daher dasjenige das rentablere, das diese DPP mit dem geringeren Kapitaleinsatz realisiert.

Obgleich die Ermittlung dieser Werte im Einzelnen nicht unumstritten ist, werden sie für die Regalplatzierung zu

Grunde gelegt. Dazu wird meist ein Regalspiegel auf Basis von Entscheidungsrestriktionen (wie kumulierte Laufmeter, berücksichtigte Artikelzahl, Facing je Artikel etc.) erstellt, der Ergebnis einer linearen Programmierungsrechnung ist.

2.10 Nachkaufphase

In der Nachkaufphase tauchen wohl unvermeidlich Beschwerden auf, sei es, um kundenseitig nachträglich Preisbestandteile zurückzugewinnen, oder sei es aus tatsächlicher Berechtigung. Diese Beschwerden haben neben ihrer juristischen Komponente (als Reklamationen) vor allem eine verkaufsbezogene, ist doch die Nachkaufphase entscheidend für den empfundenen Zufriedenheitsgrad der Kunden. Dann erfolgt nämlich der kundenseitige Vergleich seiner Erwartungen vor der Transaktion mit seinem Erlebnis nach der Transaktion. Übertrifft die Erwartungskomponente die Erlebniskomponente, entsteht Unzufriedenheit mit der Gefahr des Anbieterwechsels. Dann aber besteht für den Anbieter keine Chance mehr, den Kundenlebenszeitwert zu realisieren. Ebenso ist die Beschwerdebehandlung zur Erhaltung der Referenzfähigkeit einer Transaktion gegenüber potenziellen Kunden zentral bedeutsam.

In dieser Beschwerdebehandlung geht es vor allem um die Beschwerdeannahme bzw. -erfassung sowie die Beschwerdebearbeitung bzw. -reaktion. Dabei gilt die Maßgabe, dass alle Beschwerden, unabhängig von ihrer Berechtigung, von Kunden offen gelegt werden sollen, denn Beschwerden sind kostenlose Verbesserungshinweise der Kunden auf Angebots-/Anbieterschwächen, die man unbedingt abstellen muss. Daher ist die Anbringung einer Beschwerde so unkompliziert wie möglich zu gestalten (Beschwerdestimulierung).

Zur Beschwerdestimulierung gehören mehrere Vorkehrungen:

- Bekanntmachung des Beschwerdewegs, damit Beschwerdeführer wissen, wie sie ihre Beschwerde geeignet anbringen können,
- Ausweis des Beschwerdeadressaten entweder in Form zentraler Beschwerdebehandlung oder mit dezentraler Zuständigkeit bei Beschwerdeeignern,
- Erfassung des Beschwerdeproblems, d. h. des genauen Zusammenhangs, der für beschwerdeverursachend gehalten wird,
- Identifikation des Beschwerdeführers, seiner Stellung im Betrieb und seines Bezugs zum Beschwerdeinhalt,
- Erfassung des Beschwerde verursachenden Objekts (Produkt) oder Subjekts (Mitarbeiter),
- Ausweis des Beschwerdezeitpunkts und der Frist seit der Beschwerdeverursachung,
- Weiterleitung der Beschwerde an diejenige Organisationseinheit, die sachkundig dazu Stellung nehmen kann,
- Kommunikation über den Zwischenstand bei länger laufenden Recherchen zur Lösung.

Bei dieser Lösung kann es sich um eine Einzelfallwiedergutmachung (monetär und/oder materiell) handeln oder um eine Kulanzlösung mit finanzieller Wiedergutmachung ohne Einzelfallrecherche. Angesichts der Notwendigkeit zur Erreichung von Kundenzufriedenheit ist es fraglich, ob der zusätzliche Aufwand von Einzelfalllösungen sich rechnet, oder ob nicht eine pauschale Anerkennung der Beschwerde zweckmäßiger ist. Denn kommt die Einzelfallrecherche zu dem Ergebnis, dass berechtigterweise Wiedergutmachung zu leisten ist, entsteht gleich ein doppelter Aufwand, kommt sie hingegen zu dem Ergebnis, dass keine Wiedergutmachung berechtigt ist, steht dem Aufwand immer noch die Verärgerung des Kunden gegenüber.

Die zufrieden stellende Behandlung von Beschwerden ist auch aus dem zentralen Grund des Kundenlebenszeitwerts unerlässlich. Darunter versteht man vereinfacht die Summe aller Einzahlungen eines Kunden an einen Anbieter, kumuliert auf der Zeitachse und saldiert gegen die zum Aufbau, Erhalt und Ausbau der Kundenbeziehung erforderlichen Auszahlungen sowie rechnerisch bezogen auf einen gemeinsamen Berechnungszeitpunkt. Dieser Wert hängt u. a. von folgenden Größen ab:

▶ Wiederkaufrate des Kunden: Ein Kunde ist umso profitabler, je mehr Wiederkaufakte dem Erstauftrag folgen. Denn ein Neukunde startet regelmäßig mit einem negativen Kundenwert, da die Kosten zu seiner Akquisition höher liegen als die Erlöse aus dem Erstauftrag. Daher kommt es auf Wiederkäufe an, die erst den Break Even erreichen und einen positiven Kundenwert realisierbar werden lassen. Diese Wiederkäufe hängen wiederum zentral von seiner Kundenzufriedenheit ab, und Beschwerden stellen gravierende Probleme für die Zufriedenheit dar, sodass die Kundenloyalität akut gefährdet ist.

▶ Cross Selling-Wirkung der Aufträge innerhalb des eigenen Angebotsprogramms: Dies zielt darauf ab, dass Kunden nicht nur das ursprünglich bestellte Produkt, sondern auch andere eigene Produkte ordern. Dabei kann es sich um verbundene Käufe handeln, etwa Zubehör oder produktbegleitende Services, oder auch um unverbundene Käufe, also solche, die der Deckung eines anderen Bedarfs dienen. Hierbei ist der Informationsvorsprung aus einer laufenden Kunden-Lieferanten-Beziehung von unschätzbarem Vorteil, da er, bei entsprechender Sensibilisierung, ein proaktives Verkaufen ermöglicht.

- ▶ Up Selling-Wirkung der Aufträge innerhalb des eigenen Angebotsprogramms: Dabei sollen Kunden im Fall von Wiederkäufen keine identischen oder gleichwertigen Produkte ordern, sondern höherwertigere. Insofern erhöht sich der Umsatzwert je Kaufakt und damit auch ihr Kundenwert. Voraussetzung ist jedoch, dass das eigene Programm so strukturiert ist, dass es eine solche Produktkarriere erlaubt und die Transaktionshistorie beschwerdefrei geblieben ist.

- ▶ Weiterempfehlung des Kunden für andere potenzielle Auftraggeber: Ein zufriedener Kunde ist ein wichtiger Multiplikator für das eigene Unternehmen. Mehr noch als der Anbieter selbst, und vor allem glaubwürdiger als dieser, kann er seine positiven Geschäftsbeziehungserfahrungen an potenzielle andere Kunden weitergeben und damit zusätzliche Akquisitionskontakte schaffen. Dies setzt freilich referenzfähig abgeschlossene Transaktionen voraus.

- ▶ Lieferanteil im Beschaffungsprogramm des Kunden: Letztlich soll die Geschäftsbeziehung zwischen Abnehmer und Lieferanten so eng wie möglich ausgestaltet werden. Dies ist etwa der Fall, wenn ein Abnehmer in einem Produktbereich ausschließlich, in mehreren Produktbereichen mehrheitlich, an mehreren Standorten parallel etc. bei einem Lieferanten bestellt. Daher ist es erforderlich, jede einzelne Transaktion zu optimieren.

- ▶ Kundenwiedergewinnung: Eine Beschwerde bedeutet nicht selten den Abbruch der Geschäftsbeziehung seitens des Kunden. Dies darf nicht hingenommen werden. Vielmehr ist es unerlässlich, alle Hebel in Bewegung zu setzen, den Kunden zurückzugewinnen. Denn ein Abbruch bedeutet immer auch die Einbuße an verbleibendem Kundenlebenszeitwert, stellt also unvermeidlich, vorausgesetzt der Kunden ist profitabel führbar, einen ökonomischen Verlust in nennenswerter Höhe dar.

3   Gewerblicher Beschaffungsentscheid

Sowohl im Privatkunden- als auch im Firmenkunden-geschäft sind bei Beschaffungsentscheiden ab einer gewissen Größenordnung verschiedene Personen in unterschiedlichen Funktionen beteiligt (Einkaufsgremien). Für die Analyse ist es zunächst wichtig, die einzelnen Gremienmitglieder zu identifizieren. Dies ist für Verkäufer allerdings meist alles andere als einfach. Zumal die Beteiligten wenig Interesse daran haben, ihre Entscheidungsstrukturen gegenüber Außenstehenden offen zu legen. Hinzu kommen fluktuierende Mitarbeiter oder bewusste interne Job Rotations, die einen einmal erreichten Wissensstand rasch veralten lassen und einmal erreichte Beziehungen unterlaufen. Selbst wenn es gelingt, die Mitglieder zu identifizieren, kommt es darauf an, ihr Informations- und Entscheidungsverhalten sowie ihre individuelle Einflussnahme auf den Gruppenentscheid zu bestimmen. Diese sind aber weitgehend ungewiss und mögen sich auch von Fall zu Fall ändern.

Typischerweise werden folgende Funktionen im Einkaufs-gremium unterschieden:

▶ Der **Vorselektierer** (Gatekeeper) ist eine Person, welche die Informationssammlung, die Identifikation der in Betracht kommenden Kaufalternativen und die Entscheidungsvor-bereitung vornimmt. Informationen, die diese Schleuse nicht passieren, kommen somit erst gar nicht in die enge-re Beurteilung. Daher ist es für Anbieter hochbedeutsam, sicherzustellen, dass alle Informationen auch wirklich im Entscheidergremium ankommen. Als Gatekeeper fungie-ren häufig Beschaffungsmarktforscher, Stabsstellenmit-arbeiter oder auch leitende Sekretärinnen.

▶ Der **Entscheider** (Decider) übernimmt die Letztauswahl des Kaufobjekts und sanktioniert somit auf Grund seiner hierarchischen Position meist nur die vorgeleistete Gremiumsarbeit. Er erteilt die materielle Kaufgenehmigung im Zuge seiner Budgetverantwortung. Auf die eigentliche Entscheidung bzw. deren Zustandekommen wird dabei gemeinhin wenig Einfluss genommen. Allerdings gibt es auch Entscheider, die bis auf die operative Ebene durchgreifen. Für den Verkauf ist es wichtig, um den konkreten Entscheidungsanteil des Deciders zu wissen. Greift diese Person tatsächlich aktiv in die Beschaffung ein, so muss eine intensive Ansprache in jedem Fall sichergestellt werden. Segnet sie hingegen nur eine entscheidungsreif vorbereitete Beschaffung qua hierarchischer Stellung ab, so ist es viel wichtiger, Kontakt zu diesen entscheidungsvorbereitenden Personen zu halten.

▶ Der **Einkäufer** (Buyer) trifft die Vorauswahl der Lieferanten, indem er ein Kaufobjekt ausschreibt und potenzielle Lieferanten zur Angebotsabgabe auffordert. Er schließt außerdem rein formal den Kaufvertrag ab, führt die Nachverhandlungen en détail und überwacht die Beschaffungsabwicklung. Häufig handelt der Einkäufer dabei nur auf Anweisung anderer Stellen, wickelt also ab, weil nur bestimmte Stellen zur externen Auftragserteilung berechtigt sind, oder er trifft nach Vorgabe die Auswahl unter präferierten Lieferanten. Es gibt aber auch Einkäufer, die eigenständig über Kaufobjekte im Rahmen vorgegebener Zielvereinbarungen bestimmen können. Hier hat sich in den letzten Jahren ein erheblicher Wandel ergeben. Angesichts zunehmenden Outsourcings und damit stark wachsenden Beschaffungsvolumens sind Einkäufer in erheblichem Maße professionalisiert worden und geben sich daher nicht mehr mit Abwicklungsaufgaben zufrieden, sondern greifen aktiv in die Entscheidung ein.

▶ Der **Verwender** (User) bringt den Kaufentscheidungsprozess in Gang, indem er ein Problem signalisiert. Er definiert dabei meist Anforderungsmaßstäbe an eine Problemlösung und deren Verfügbarkeitstermin. Außerdem beurteilt er nachher die Eignung des Beschaffungsobjekts im Hinblick auf seine Problemlösung. Da er persönlich durch die Anschaffung betroffen ist, kann von einem hohen Engagement ausgegangen werden, aber auch von hohen Nutzenerwartungen. Es gibt allerdings auch Verwender, die selbst keine Bedarfsmeldung initiieren dürfen, sondern der Genehmigung durch ihren Vorgesetzten bedürfen (Initiator), der aber selbst nicht Verwender ist. So mag der Verwender eines Laptops der Sachbearbeiter sein, verfügt er über ein eigenes Budget, kann er in diesem Rahmen aus der Liste der präferierten Lieferanten auswählen und das Beschaffungsobjekt bestimmen. Häufig sehen die Organisationsrichtlinien aber auch eine Abstimmung mit der Fachabteilung, hier EDV, vor, um eine geeignete Qualität und Kompatibilität des Beschaffungsobjekts sicherzustellen. Vielleicht verfügt aber auch nur die Abteilung als solche über ein Budget, sodass der Verwender seinen Beschaffungswunsch beim Abteilungsleiter anmelden muss. Denkbar ist weiterhin, dass er der Einkaufsabteilung seine Wunschspezifikation für einen Laptop durchgibt und diese eigenständig ein entsprechendes Produkt anschafft.

▶ Der **Beeinflusser** (Influencer) schließlich nimmt durch seine Fachkompetenz auf die Beurteilung der Kaufobjekte Einfluss. Häufig handelt es sich bei dieser Person um einen externen Berater oder Mitarbeiter einer internen

Stabsabteilung, der jedenfalls nicht unmittelbar von den Konsequenzen seiner Entscheidung betroffen ist und daher vermeintlich unbefangener urteilen kann. Allerdings kann gerade diese Nichtbetroffenheit zu erheblichen Verzerrungen führen. Die Einbeziehung Externer stellt den Verkauf vor besonders harte Probleme, ist doch nicht nur häufig ungewiss, um welche Person es sich dabei handelt, sondern muss auch deren Interessenlage als andersartig angesehen werden. Dies führt nicht selten zu erheblicher Irritation.

Gemeinhin wird dabei eine eher rationale Entscheidungsfindung unterstellt, was jedoch erheblich anzuzweifeln ist, handelt es sich doch immer um Menschen, die agieren. Und deren Entscheiden und Handeln ist immer von einem nicht unerheblichen Maß an Emotionalität geleitet. Insofern liegt eine Ansprache allein auf der „Kopfebene" wie immer neben der Sache, vielmehr ist eine Ansprache auch auf der „Bauchebene", vielleicht sogar dominant dort, erforderlich.

Erschwerend kommt bei Einkaufsgremien hinzu, dass sie den klassischen Entscheidungsdefekten unterliegen. So weiß man, dass Gruppenmeinungen sich eigendynamisch entwickeln und Ergebnisse hervorbringen, die von den einzelnen Gruppenmitgliedern ansonsten so kaum präferiert worden wären. Besonders hat man dabei das Risikoverhalten untersucht und sowohl festgestellt, dass Gruppen zu risikoreicheren Entscheiden tendieren, weil die Gefahr einer Fehlentscheidung sich auf mehr Schultern verteilt und Wagemut als vorziehenswerte soziale Eigenschaft gilt, als auch zu risikoärmeren Entscheiden, die letztlich Folge der Suche nach dem kleinsten gemeinsamen Nenner angesichts von Bedenkenträgern sind.

Das Selling Center stellt dem Buying Center auf der Einkaufsseite ein Verkaufsgremium auf der Lieferantenseite gegenüber. Analog zum Buying Center gehören diesem Selling Center verschiedene Personen in Funktionen an. Es handelt sich dabei im Einzelnen um den:

▶ Techniker, der detailliert Auskunft über die funktionalen Vorzüge eines angebotenen Produkts und dessen Produktion geben kann, er stellt das Äquivalent zum User im Buying Center dar,

▶ Schlüsselkundenberater (Key Accounter), der die akquisitorische Beziehungsebene zum Buying Center, vor allem zum Einkäufer dort pflegt, er stellt das Äquivalent zum Buyer im Buying Center dar,

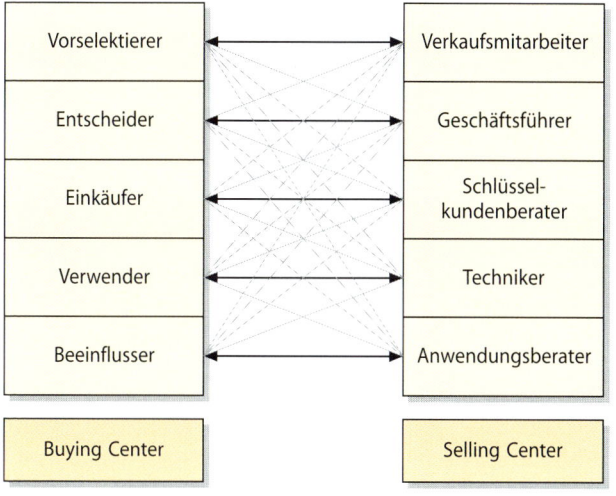

Bild 7: *Buying Center – Selling Center*

▶ Anwendungsberater, der den Nutzen aus dem Einsatz eines angebotenen Produkts in der Käuferorganisation argumentiert, er stellt das Äquivalent zum Influencer im Buying Center dar,

▶ Verkaufsmitarbeiter, der für die erfolgreiche Abwicklung des Absatzprojekts zuständig ist, er stellt das Äquivalent zum Gatekeeper im Buying Center dar,

▶ Geschäftsführer, der durch seine Beteiligung als Entscheider die Bedeutung der anstehenden Transaktion unterstreicht, er stellt das Äquivalent zum Decider im Buying Center dar.

Häufig werden bei der Interaktion zwischen Buying Center und Selling Center bewusste Rollenverteilungen vorgenommen. So gibt es auf beiden Seiten den

- Antreiber, der Verhandlungen immer wieder voranbringt,
- Unterstützer, der die Klärung abgearbeiteter Verhandlungspunkte festhält,
- Moderator, der bei Konflikten zumindest beschwichtigend einwirkt,
- Krisenmakler, der in verfahrenen Situationen Lösungsmöglichkeiten aufzeigt,
- Nörgler, der mit Vorschlägen der Gegenseite kontinuierlich unzufrieden ist,
- Nachfasser, der die noch ungeklärten Verhandlungspunkte im Auge behält,
- Faktenkenner, der die Sachargumentationsebene beherrscht,
- Vertrauten, der die Beziehungsebene zu den Buying Center-Mitgliedern abdeckt.

Insofern spielen Soft Skills, vor allem Sozialkompetenzen, eine große Rolle, denn trotz aller Ernsthaftigkeit in der Sache geht es letztlich bei allem doch um „People Business", also darum, dass die Chemie der Beteiligten stimmt. Dies wird zunehmend bedeutsam, weil das Marktangebot auf der rein objektiven Ebene immer austauschbarer wird. Insofern sind zumeist nur mehr persönliche Präferenzen in der Lage, kaufentscheidend wirksam zu werden. Zwar gilt dies nicht bei einem konkurrenzunterlegenen Angebot, das auch durch Sympathie nicht schönzureden ist, allerdings reicht auch ein nur konkurrenzüberlegenes Angebot allein nicht mehr aus.

Bei Kaufentscheidungen lassen sich weiterhin unterschiedliche Rollenauffassungen der Beteiligten feststellen. Im Zusammenhang mit Neuerungen wurden vor allem die Rollen der Promotoren und Opponenten untersucht.

Promotoren sind Personen, die Neuerungen fördern, **Opponenten** sind Personen, die Neuerungen behindern. Bei solchen Neuerungen kann es sich um die Beschaffung neuer Produkte, die Einleitung neuer Geschäftsprozesse als Konsequenz daraus oder auch die Beauftragung neuer Lieferanten handeln. Sowohl Promotoren als auch Opponenten brauchen eine Aktionsbasis, um in ihrem Sinne tätig werden zu können, diese kann in hierarchischer Macht oder fachlichem Wissen liegen.

Bei Machtpromotoren handelt es sich um Personen, die vor allem auf Grund ihrer hierarchischen Stellung über die Entscheidungsmacht verfügen, Neuerungen auch tatsächlich durchzusetzen, bei Fachpromotoren handelt es sich um Personen, die durch ihr hohes Expertenwissen über eine überlegene Argumentation verfügen, um Neuerungen damit durchzusetzen.

Gelegentlich werden davon noch Prozess- oder Beziehungspromotoren unterschieden. Das sind Personen, die auf Grund ihrer tief greifenden Kenntnis der organisationalen Abläufe im Unternehmen über taktische Möglichkeiten verfügen, Neuerungen durchzusetzen. Als besonders durchsetzungsstark haben sich Mehrpersonengespanne aus Macht-, Fach- und Prozesspromotoren erwiesen.

Ebenso verhält es sich bei den Opponenten, die Machtopponenten können qua hierarchischer Stellung, die Fachopponenten qua überlegenem Wissen und die Prozessopponenten qua Organisationskenntnis Neuerungen verhindern oder zumindest erschweren.

Allerdings ist es in der Praxis ausgesprochen schwierig, zu ermitteln, wer im Einzelfall Promotor und wer Opponent ist, da vor allem Opponenten ihre Absichten gern verschleiern, um Gegenpotenziale nicht herauszufordern. So unterstützen viele Opponenten vordergründig verbal zwar die Einführung von Neuerungen, um genau diese dann in informellen Kontakten zu torpedieren. Häufig werden dazu rein formale Vorgehensweisen gewählt, um sich nicht als Bremser zu outen oder im Fall der erfolgreichen Neueinführung nicht zu den Verlierern zu zählen.

	Macht-basis	**Fach-basis**	**Beziehungs-basis**
Promotoren	Macht-promotoren	Fach-promotoren	Beziehungs-promotoren
Opponenten	Macht-opponenten	Fach-opponenten	Beziehungs-opponenten

Tab. 3: *Opponenten – Promotoren*

Ebenfalls in Bezug auf Neuerungen ist das Reagiererkonzept näher untersucht worden. Dabei geht es darum, wie Organisationsmitglieder Neuerungen für sich selbst bewerten. Dabei werden drei Gruppen unterschieden:

▶ **Faktenreagierer** (Clarifier) sind Personen, denen bei einer Beschaffungsentscheidung an möglichst viel Information gelegen ist, die sie dann sichten und für sich verarbeiten, um daraus zu einem fundierten Ergebnis zu gelangen. Dabei prüfen sie umfassend alle für eine Anwendung im Unternehmen relevanten Gesichtspunkte, um das Entscheidungsrisiko weitgehend zu senken. Eine Kontaktaufnahme sollte daher tunlichst über eine detaillierte, sachliche, schriftliche und/oder mündliche Argumentation erfolgen, die so viel Informationsgehalt wie möglich hat.

▶ **Imagereagierer** (Simplifier) sind hingegen Personen, die an möglichst verdichteter Information interessiert sind, die für sie einfach zu verarbeiten ist. Dafür reichen ihnen die wichtigsten Informationen völlig aus, auf Vollständigkeit kommt es dabei nicht an. Aus den in Betracht gezogenen Informationen entsteht eher intuitiv ein Stimmungsbild, das die Entscheidung zu Gunsten oder zu Ungunsten einer Neuerung bestimmt. Eine Kontaktaufnahme sollte sich daher tunlichst auf Schlüsselinformationen beschränken und auf Sympathie setzen, also „bauchlastige" Botschaften überbringen.

▶ Als Mischtyp wird der **Reaktionsneutrale** betrachtet, dem an einer ausgewogenen Mischung aus detaillierter Information und überblicksartiger Einstimmung gelegen ist.

Insofern sind es gerade die Argumente, die der „Faktenzerleger" zu erlangen sucht, die vom „Imagesammler" gemieden werden und umgekehrt. Daher ist es ausgesprochen wichtig, sich ein Konzept für den jeweiligen Gesprächspartner auf der Einkaufsseite zurechtzulegen, um die Argumentation entsprechend abzustimmen. Hinweise darauf erhält man etwa aus der Körpersprache des Partners, seinem Kontaktverhalten oder seiner Arbeitsplatzumgebung.

	Detailwissen	Anmutung	Mischung
Reagierer	Faktenreagierer	Image-reagierer	Reaktions-neutraler

Tab. 4: *Faktenreagierer, Imagereagierer, Reaktionsneutraler*

4 Einsatz von Verkaufsmitarbeitern

4.1 Aufgabenspektrum im Vertrieb

Zu den wichtigsten Aufgaben im Vertrieb gehören zweifellos die Besuchsaktivitäten. Dabei geht es um Besuche der verschiedenen Kaufentscheider, die Initiierung von Besuchen durch andere Mitarbeiter des anbietenden Unternehmens (z. B. Spezialisten, Geschäftsleitung) beim Nachfrager sowie Besuche kooperierender Anbieter (z. B. in Konsortien).

Daneben stehen die Kommunikationsaktivitäten des Außendienstes, also vor allem die inhaltliche Gestaltung der direkten Kommunikation zwischen Anbieter und Nachfrager, die gemeinsame Entwicklung von Problemlösungsvorschlägen mittels Kunden individueller Angebote sowie das Durchsetzen von Preisforderungen bzw. das Aushandeln von Konditionen im Vordergrund.

Hinzu treten interne Aufgaben wie die Ausarbeitung von Angeboten, die Verfolgung dieser Angebote, die Überwachung der damit verbundenen administrativen Prozesse (Auftragsbearbeitung, Rechnungslegung, Zahlung, Garantieabwicklung) und auch die eigenständige Fortbildung. Für die Koordinierung und Auswertung dieser Aktivitäten stehen Informationssysteme des Database-Marketings und des Computer Aided Selling bereit.

Weiterhin liegen der Vertriebstätigkeit meist Besuchsnormen zu Grunde, die standardisiert oder kundengruppenindividuell ausgelegt sein können. Basis dieser Regelung ist eine Sales Response-Funktion, also eine mutmaßliche funktionale Beziehung zwischen der Anzahl der Besuche und dem Verkaufsergebnis bei den entsprechenden Abnehmern.

Damit kann z. B. vermieden werden, dass Außendienstmitarbeiter Besuche bei unangenehmen, aber ertragreichen Kunden nur ungern angehen und stattdessen Kunden mit besserem Arbeitsklima vorziehen, die aber betriebswirtschaftlich wenig attraktiv sind. Die Besuchsaktivitäten sollen auch unter Kostenaspekten geplant werden, denn gerade in geografisch großen Verkaufsgebieten ist eine Optimierung der Reisekosten und -zeiten erforderlich.

Die Steuerung der Außendienstaktivitäten kann anhand verschiedener Parameter erfolgen. Dabei ist eine Gratwanderung erforderlich, denn eine zu enge Vorgabe von Besuchsstandards kann zur Inflexibilität und Demotivation der Außendienstmitarbeiter führen. Dennoch ist eine beabsichtigte Einflussnahme auf das Verhalten der Außendienstmitarbeiter zum Erreichen der von der Vertriebsleitung vorgegebenen Ziele unerlässlich.

Die Aufgaben im Verkauf betreffen je nach Lage der Dinge vielfältige Dimensionen. Dazu gehören unter anderem:

- Ausschöpfung der Marktpotenziale bzw. Realisierung der Verkaufsvorgaben im Bezirk, planvolle und rationelle Akquisition, Steigerung des Verkaufs pro Kunde/des Deckungsbeitrags im Bezirk, Kommunikation des Unternehmens- und/oder Produktkonzepts zum Absatzmittler und Endabnehmer, planvolle und rationelle Durchführung der Kundenbesuche und Beratungen, Kontaktpflege, Marktbeobachtung, Berichterstattung nach Vorgabe und über spezielle Bezirksgegebenheiten.
- Sorgfältige Besuchsplanung und -vorbereitung, abgestimmt auf die Gegebenheiten der einzelnen Kunden. Bereithaltung des benötigten Verkaufsmaterials ständig komplett, aktuell, geordnet, einwandfrei funktionierend und

sauber. Zweckgerechter Einsatz moderner Kommunikationstechnik, um den Kunden optimal zu informieren/motivieren und zugleich, um den Informationskontakt zum Unternehmen so rationell wie möglich zu gestalten. Besuch der Kunden gemäß Tourenplanung zur Beratung und zum Verkauf, dabei Identifizierung der Problemlösung des Kunden mit dem eigenen Angebot. In besonderen Fällen Besuch der Kunden auch außerhalb des Tourenplans. Akquisition neuer Kunden nach Vorgabe bzw. in Absprache mit Vorgesetzten. Ausarbeitung von Angeboten bzw. Veranlassung der Angebotsausarbeitung durch den Innendienst, Unterbreitung von Angeboten, Verhandlung darüber bzw. Verfolgung der Entwicklung, sofern die Angebotsverfolgung durch andere Stellen erfolgt. Verfolgung der Auftragsabwicklung durch die einzelnen Abteilungen des Betriebs und Einschaltung von Vorgesetzten bei Auftauchen von Schwierigkeiten. Kooperative Zusammenarbeit mit den Innendienstkollegen, um auftretende Probleme bzw. Störungen unmittelbar zu klären und entsprechende Organisationsverbesserungen zu bewirken. Weiterleitung von Reklamationen und Vorschlägen für ihre Behebung an Vorgesetzte bzw. Spezialisten für Außendienstbetreuung oder Innendienstkollegen. In geeigneten Fällen Anforderung von Unterstützung durch Spezialberater, Techniker, Kundendienstler etc., soweit dies in Anbetracht der Kundenbetreuung bzw. Auftragsbedeutung sinnvoll erscheint. Unterstützung (ggf. mit Merchandiser) günstigster Warenplatzierungen am POS, Auslieferung und Aufstellung von Verkaufshilfen. Verteilung von Mustern, Proben, Geschenken gemäß Richtlinien mit Vorschlägen für die Empfängerlisten. Sorgfalt bei der ordnungsgemäßen Verwendung, Aufstellung und Pflege von Mustern, Proben, Vorführmaterialien etc. beim Kunden. Mitarbeit bei der Durchführung von Tests, Marktaktionen, Neueinführungen und besonderen Veranstaltungen. Mitwirkung bei Messen, Ausstellungen, Kundeninterviews, Kontrollkäufen etc., soweit sie den eigenen Bezirk betreffen. Verantwortlichkeit für das ordentliche Führen der eigenen Arbeits- und Berichtsunterlagen sowie für die jeweils aktuelle Ergänzung. Weiterleitung von Beobachtungen, Wünschen, Anregungen von Kunden mit Ergänzung durch subjektive, kundenspezifische Eindrücke. Laufende Berichterstattung über Konkurrenzbeobachtung und Änderungen der Kundenmeinung zu einzelnen Wettbewerbern und ihren Angeboten an Vorgesetzte. Erkennung des einkaufspolitischen Verhaltens der Kunden und Information bei besonderen Beobachtungen zur Anpassung der Verkaufstaktik des eigenen Betriebs. Verbesserungsvorschläge zur Organisation, zur Kundenbetreuung, zur Platzierung, zur Gebietseinteilung und zu wichtigen Aufgaben, die den eigenen Bezirk und das Arbeitsfeld betreffen. Nach Absprache vorübergehende Übernahme von Aufgaben der Distribution, die nicht unmittelbar mit der Außendiensttätigkeit in Zusammenhang stehen. Stetige Information über den aktuellen Stand der Verkaufstechnik, fachliche Weiterbildung aus eigener Initiative und somit Gewährleistung eines jeweils marktgerechten Standards der Verhandlungsführung. Teilnahme an laufenden Besprechungen und Schulungsmaßnahmen. Sorge um ordentliche Pflege des Dienstwagens und sonstiger Arbeitsmittel. Verantwortlichkeit für die korrekte Abrechnung der Spesen und termingerechte Abgabe vollständiger Berichte. Entscheidung über den Ablauf der Arbeit innerhalb des Bezirks im Rahmen der Vorgaben. Beratung bei der Durchführung lokaler Verkaufsförderungsaktionen, Touren- und Besuchsplanänderungen und weiterer Verbesserungen der Arbeitstechnik. Kooperation mit allen Stellen des Unternehmens, die den eigenen Arbeitsbereich berühren. Recht, nach Absprache mit Vorgesetzten bei allen Stellen Informationen einzuholen, Einsicht in Unterlagen zu nehmen und alle benötigten Daten abzurufen, die für die Arbeit über die regelmäßig ohnehin zur Verfügung gestellten Daten hinaus benötigt werden. Abgabe verkaufsrelevanter Information an alle Stellen sowie Informationen über die laufenden Berichte hinaus, wenn gewünscht.

4.2 Aufgabenstrukturen

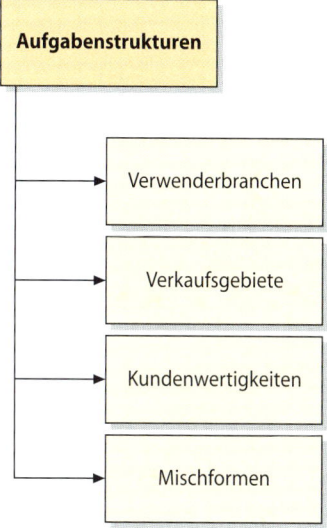

Bild 8: *Aufgabenstrukturen*

Als Abgrenzungskriterien für die Zuweisung des Arbeitsfelds der Verkaufsaußendienstmitarbeiter kommen Verwenderbranchen, bearbeitete Verkaufsgebiete oder besuchte Kundenwertigkeiten in Betracht, jeweils ausschließlich oder kombiniert. Eine eindeutige Zuweisung des Arbeitsfelds ist erforderlich, um sicherzustellen, dass für jeden Nachfrager eine zurechenbare Verantwortung im persönlichen Verkauf gegeben ist. So darf es z. B. nicht vorkommen, dass mehrere Mitarbeiter dem gleichen Nachfrager dasselbe Produkt andienen, wohingegen ein anderer Nachfrager von allen vernachlässigt wird, weil jeder denkt, dass der jeweils andere sich schon um ihn kümmern wird. Zur Vermeidung gibt es mehrere Unterteilungen.

Verwenderbranchen

Bei der verwenderbranchenorientierten Arbeitsfeldeinteilung bilden abgrenzbare Branchen oder, je nach Größe/Spezifität, Subbranchen die strukturelle Basis. Den Nachfragern dieser Branchen werden, gebietsübergreifend und unabhängig von der jeweiligen Kundenwertigkeit, die eigenen Produkte angeboten. Daraus resultieren wichtige Vorteile. Dies ermöglicht eine weitgehende Anpassung der Vermarktungsaktivitäten an Branchenbesonderheiten. Dadurch wird der Verkäufer zum Branchenspezialisten, was ihm eine hohe Akzeptanz bei Nachfragern dieser Branche verleiht. Durch die große Nähe zur Branche können Branchentrends und daraus abzuleitende Bedarfsveränderungen von ihm frühzeitig erkannt werden.

Allerdings gibt es auch eine Reihe von Nachteilen. So entstehen bei räumlich weit verteiltem Bedarf lange Wegstrecken zwischen den einzelnen Nachfragern. Es ist keine Spezialisierung des Verkäufers auf einzelne Produkte möglich, sodass in vielen Fällen der Support von Spezialisten hinzugezogen werden muss, was störende Interaktionseffekte bewirken kann. Da Nachfragern bekannt ist, dass der Branchenverkäufer nicht nur das eigene Unternehmen, sondern auch die unmittelbaren Konkurrenten in der Branche betreut, ist ein immanentes Vertrauensproblem gegeben. Dies betrifft vor allem die kooperative Entwicklung neuer Produkte oder Anwendungen, die einem Abnehmer einen Wettbewerbsvorsprung verschaffen sollen, von dem dieser aber nicht weiß, ob und inwiefern dieses Know-how nicht auch seinen Mitbewerbern zugute kommt. Auch ist eine starke Abhängigkeit von der Branchenkonjunktur gegeben. Dies verursacht schwankende Einkommen bei Verkaufsaußendienstmitarbeitern. Der Verkäufer ist regelmäßig nur innerhalb einer Branche einsetzbar, woraus für ihn eine gewisse Inflexibilität entsteht, vor allem, wenn es sich um Branchen am Ende ihres Lebenszyklus handelt (man denke ehedem an Verkäufer von Setzmaschinen in der reprografischen Industrie oder von Schreibmaschinen in der Bürowarenbranche). Dem Unternehmen entsteht auf Grund der Branchenspezialisierung seiner Mitarbeiter die große Gefahr der Abwerbung, vor allem wenn es sich um aufstrebende Branchen handelt (z. B. für individualisierbare betriebswirtschaftliche Software).

Verkaufsgebiete

Nahe liegend ist die Arbeitsfeldeinteilung nach bearbeiteten Verkaufsgebieten, wobei jeweils verschiedene Branchen und abweichende Kundenwertigkeiten angesprochen werden. Dabei dienen meist Bundesländer, Postleitzahlzonen, Nielsen-Gebiete und deren Unterteilungen o. Ä. als Basis. Daraus ergeben sich eine Reihe von Vorteilen. Am vordergründigsten leuchtet sicherlich der Vorteil der kurzen Wegstrecken ein, sodass Reisezeiten und damit -kosten eingespart werden können. Auch ist eine klare Zuständigkeit gegeben, da der Standort des Kunden eindeutige Auskunft über die Zuständigkeit im Verkauf gibt. Allerdings ergeben sich bereits Probleme bei Unternehmen mit verschiedenen Betriebsstandorten oder Holdings mit verschiedenen Unternehmensstandorten. Da in einem Gebiet meist Abnehmer aus verschiedenen Branchen vertreten sind, kommt es zu einem guten Risikoausgleich zwischen Branchenentwicklungen und damit zu einer Stabilisierung des persönlichen Einkommens. Die Neukundenakquisition wird begünstigt, da von einem Erfahrungsaustausch von Abnehmern innerhalb einer Region auszugehen ist, welche die Identifizierung und Erschließung dieser Nachfrager erleichtert. Zugleich wird auch die Nachbetreuung erleichtert, da am Reiseweg liegende Bestandskunden anlassbezogen mitbesucht werden können.

Allerdings gibt es auch eine Reihe von Nachteilen. So ist zumindest a priori keine Spezialisierung der Verkäufer auf einzelne Branchen oder Kundenwertigkeiten möglich. Dies erschwert die Argumentation und Betreuung und kann auch durch fallweises Hinzuziehen von Branchenspezialisten oder Großkundenbetreuern nicht kompensiert werden. Die Produktsteuerung ist schwierig, da auf Grund der abweichenden Abnehmerstrukturen in verschiedenen Gebieten individuelle Bevorzugungen oder Benachteiligungen von Verkäufern entstehen, die durch komplizierte Vorgabesysteme wieder ausgeglichen werden müssen. Der Verkäufer trägt ein erhebliches Einkommensrisiko aus der wirtschaftlichen Entwicklung des von ihm bearbeiteten Gebiets. Dies gilt nicht nur für strukturschwache Gebiete, deren Effekt durch Absatzpotenzialberechnungen ausgeglichen werden kann, sondern auch für Monostrukturen nach Branchen.

Im Zuge der zunehmenden Internationalisierung der Abnehmer wird auch der Vertrieb zunehmend internationalisiert. Dies bedeutet, dass heute z. B. globale Zuständigkeiten (Verticals) für einen Großabnehmer üblich sind (z. B. in der Automobilzulieferindustrie). Probleme entstehen dabei im Verhältnis zu nationalen Vertriebsorganisationen, die dann ihre größten Umsatzträger an ein Global Key Account Management abtreten müssen. Wenn man noch bedenkt, dass es sowohl Spannungen zwischen Landesgesellschaften und Konzernführung bei Abnehmern als auch solche bei Lieferanten gibt, entsteht ein Bild hoher Komplexität der Vertriebsbezüge, obgleich gute Beziehungen im Verkauf von alles entscheidender Bedeutung sind.

Kundenwertigkeiten

Die Einteilung des Arbeitsfelds nach Kundenwertigkeiten ist eine sehr nahe liegende, kann doch vereinfachend unterstellt werden, dass 20 % der Kunden (die A-Kunden/Preferred Accounts) für 80 % der Erlöse stehen (nicht unbedingt der Erträge, da nachfragemächtige Großkunden regelmäßig bessere Konditionen durchsetzen und damit je Absatzeinheit weniger profitabel sind). Dabei werden Kunden über alle Verwenderbranchen und Verkaufsgebiete hinweg einheitlich angesprochen.

Dafür sprechen noch weitere Vorteile. Wenn eine hohe wirtschaftliche Abhängigkeit von wenigen großen Abnehmern gegeben ist, ist es nahe liegend, diese durch besonders qualifizierte Mitarbeiter (Key Account Manager) betreuen zu lassen und nicht durch mehr oder minder zufällig zugeordnete Verkäufer. Großabnehmer haben oft über ihre reine Umsatzbedeutung hinaus auch einen Multiplikatoreffekt als Referenzkunden oder können in die Entwicklung neuer Produkte als Lead User eingebunden werden, was eine kenntnisreiche Betreuung erfordert.

Dagegen sprechen jedoch folgende Aspekte. Häufig entwickelt sich unter den Verkaufsaußendienstmitarbeitern ein Neid der „normalen" Verkäufer auf die Schlüsselkundenbetreuer, die oft deutlich besser bezahlt werden und vermeintlich leicht akquirierte Aufträge erzeugen. Bei Wachstum oder Schrumpfung eines Kundenunternehmens ist zumeist ein Wechsel des betreuenden Verkäufers erforderlich, wodurch die Kundenbindung nicht unbedingt erhöht wird. Gerade im Bereich um die vorgegebene Größenordnungsgrenze (die zudem dynamisch ist und häufig in ihrer Setzung einer gewissen Willkür nicht entbehrt) sind Zuständigkeitsprobleme unvermeidlich. Schlüsselkundenbetreuer sind von der wirtschaftlichen Entwicklung meist eines oder weniger Großabnehmer abhängig, sodass ihr individuelles Arbeitsplatz- und Einkommensrisiko deutlich erhöht ist, weil ein Risikostreuungseffekt fehlt. Es ist schwierig, Verkäufer mit gutem Standing bei wichtigen Kunden auszutauschen, da dabei die Geschäftsbasis in Gefahr gerät. Zugleich sind solche Mitarbeiter vom Mitbewerb stark gesucht, sodass eine hohe Abwerbungsgefahr besteht.

Mischformen

Da jede dieser Arbeitsfeldeinteilungen ernst zu nehmende Nachteile birgt, wird in der Praxis meist eine mehrstufige Arbeitsfeldeinteilung umgesetzt. Dabei handelt es sich typischerweise um eine Kombination der Ausrichtung nach Verwenderbranchen, Verkaufsgebieten und Kundenwertigkeiten. Denkbar sind dabei drei Prinzipien:

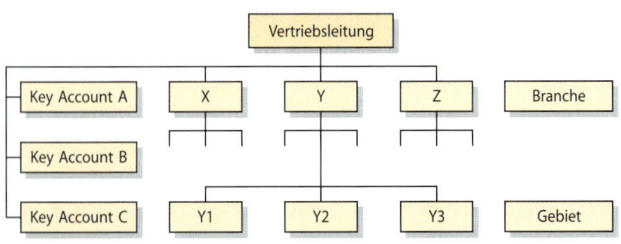

Bild 9: *Vertrieb 1*

▶ Ausrichtung nach **Verkaufsgebieten** auf der obersten Ebene (z. B. internationale Vertriebsleitung, kontinentale Vertriebsleitung, nationale Vertriebsleitung, regionale Vertriebsleitung). Innerhalb dieser Ausrichtung ist dann eine Spezialisierung nach Verwenderbranchen möglich (z. B. nationale Vertriebsleitung für die Finanzdienstleistungsbranche). Zumeist werden Key Accounts, also dominante Kunden, als Besonderheit getrennt davon organisiert.

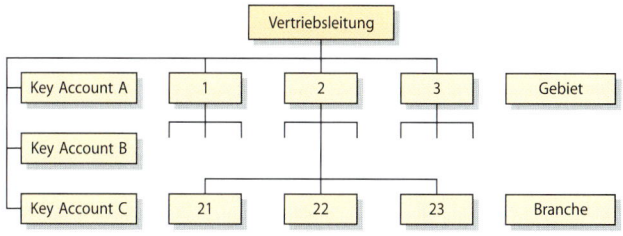

Bild 10: *Vertrieb 2*

▶ Ausrichtung nach **Verwenderbranchen** auf der obersten Ebene (z. B. direkt belieferter Einzelhandel, Großhandel, Versender/C&C, industrielle Abnehmer). Innerhalb dieser Ausrichtung wird dann eine Spezialisierung nach Verkaufsgebieten vorgenommen (z. B. industrielle Abnehmer in Nielsen IV). Zumeist werden auch hier die Key Accounts getrennt organisiert.
▶ Eine reine Einteilung nach **Kundenwertigkeiten** als drittes Prinzip ist hingegen praktisch kaum anzutreffen.

Aus den genannten Beispielen wird bereits deutlich, dass die Verantwortung der Verkaufsaußendienstmitarbeiter für einen Kunden schwierig zu organisieren ist. Dies gilt erst recht, wenn ein Kundenunternehmen in einem belieferten Produktbereich/Verkaufsgebiet ein Großabnehmer ist, daher durch den Key Account Manager betreut wird, in einem anderen belieferten Produktbereich/Verkaufsgebiet aber Kleinabnehmer. Zu fragen ist dann, ob dieser Kunde in beiden Produktbereichen/Verkaufsgebieten durch den Key Account Manager betreut wird, obgleich der/das eine Produktbereich/Verkaufsgebiet dies nicht rechtfertigt, oder ob der Kunde durch zwei Verkäufer betreut wird, einen Key Accounter und einen „normalen" Verkäufer, was womöglich zu Friktionen führt.

Ein anderer Problemfall entsteht, wenn ein Unternehmen in vielen belieferten Produktbereichen/Verkaufsgebieten nur Kleinabnehmer ist, in der Summe dieser Lieferungen aber einen Großabnehmer des Lieferanten darstellt. Dann können produkt-/gebietsspezialisierte Verkäufer eingesetzt werden oder aber ein „kundenspezialisierter" Key Accounter.

Hinzu kommt, dass die Beschaffungsstruktur des Abnehmerunternehmens von Bedeutung ist. Werden alle Aufträge dort gebündelt erteilt, macht es wenig Sinn, beim Einkäufer verschiedene Verkaufsmitarbeiter für ihre jeweiligen Produkte auftreten zu lassen. Werden die Aufträge hingegen dezentral, vielleicht sogar internationalisiert in einem Konzern vergeben, ist ein Key Accounter jedoch rasch überfordert.

4.3 Aufgabenprozesse

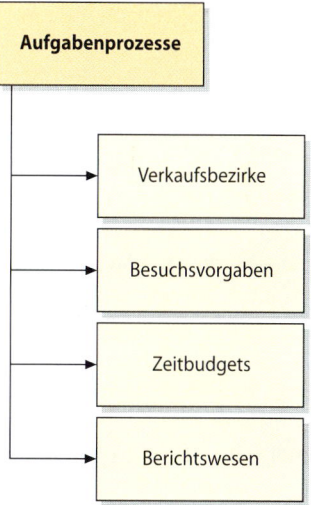

Bild 11: *Aufgabenprozesse*

Verkaufsbezirke

Der Vertrieb bedarf zu seiner effektiven Steuerung einer zweckmäßigen Aufteilung der Verkaufsbezirke. Dazu dienen vor allem zwei Verfahren.

Das **Absatzpotenzialverfahren** geht davon aus, dass die Produktivität jedes Verkäufers gleich hoch, er also in der Lage ist, in einem bestimmten Zeitraum die gleichen Umsätze zu erzielen wie jeder seiner Kollegen. Das Verfahren geht wie folgt vor. Zunächst wird das Marktpotenzial ermittelt. Daraus ergibt sich das Absatzpotenzial als Marktausschöpfung.

Insofern lässt sich der Arbeitsumfang jedes einzelnen Mitarbeiters ermitteln. Dividiert man das Absatzpotenzial durch den Arbeitsumfang, ergibt sich daraus die Anzahl der Verkaufsbezirke. Vorteile des Absatzpotenzialverfahrens sind vor allem der mögliche direkte Wettbewerb zwischen den Außendienstmitarbeitern, da jeder von ihnen a priori gleiche Chancen hat, sowie die einfache und verständliche Provisionsregelung. Nachteile liegen in der unvermeidlich ungleichen Gebietsgröße und damit unterschiedlichem Reiseaufwand und unterschiedlicher Arbeitslast. Vor allem aber liegt ein logischer Zirkelschluss vor, wenn die Zahl einzusetzender Verkäufer aus einem geschätzten Abschlussvolumen hergeleitet wird. Gerade dieses soll ja durch den Einsatz der Verkäufer erst beeinflusst werden.

Das **Arbeitslastverfahren** basiert hingegen auf der Grundidee, dass jeder Verkäufer dieselbe Arbeitslast bewältigen soll. Zur Ermittlung der Anzahl der Verkäufer ist es nötig, den gesamten Arbeitsaufwand zu ermitteln, der für die Bearbeitung des anvisierten Marktes notwendig ist. Dazu geht das Verfahren wie folgt vor. Potenzielle Kunden werden nach ihrem Umsatzpotenzial eingeteilt. Dann wird die Besuchshäufigkeit pro Zeiteinheit je nach Bedeutung der Kunden festgelegt. Daraus ergibt sich das Produkt aus Kundenzahl und Besuchshäufigkeit. Dagegen werden die Arbeitstage je Verkäufer gestellt. Dividiert man die Bruttobesuchstage durch diese Arbeitstage, ergibt sich die Anzahl der erforderlichen Verkäufer. Vorteile des Arbeitslastverfahrens sind vor allem die faire Verteilung des Betreuungsaufwands sowie seine Einfachheit und Verständlichkeit. Nachteile liegen in den unterschiedlichen Umsatzpotenzialen, die in der Provisionsregelung zu berücksichtigen sind. Zudem müssen auch neue Kunden akquiriert werden.

Jedem Verkaufsaußendienstmitarbeiter wird danach ein Bezirk zugewiesen. Es empfiehlt sich, diese Aufteilung nur in Abstimmung mit den betroffenen Mitarbeitern vorzunehmen und dann mittelfristig unverändert beizubehalten.

Besuchsvorgaben

Unter Besuchsvorgaben versteht man allgemein Standards hinsichtlich der Betreuung von Kunden. Dazu gehören vor allem folgende:

▶ **Anzahl der Kundenbesuche** innerhalb eines bestimmten Zeitraums. Diese Zahl variiert je nach Bedeutung der zu besuchenden Kunden. A-Kunden (Key Accounts) werden häufiger besucht als B- und C-Kunden. Evtl. wird auf den Besuch der C-Kunden auch ganz verzichtet und deren Betreuung von der persönlichen auf die mediale Kommunikation (Direktansprache) umgestellt. Oder vom Push-Prinzip auf das Pull-Prinzip des E-Commerce. Einfluss auf die Besuchshäufigkeit haben weiterhin Bestellrhythmen und Mitarbeiterkapazitäten.

▶ **Interessentenkontakte** sind in ausgewogenem Verhältnis zur Bestandskundenbetreuung erforderlich. Zwar hat die Betreuung der Bestandskunden unbedingten Vorrang, da sie im Regelfall ertragreicher ist als jede Akquisition, dennoch ist zur Auffüllung des unvermeidlichen Abwachses an Kunden und zur Induzierung zusätzlicher Wachstumseffekte immer auch der Kontakt zu Prospects erforderlich, den Verkäufer häufig scheuen, weil er vergleichsweise selten zu unmittelbaren Abschlüssen führt.

▶ Zahl der **Präsentationen** bei Bestandskunden und/oder Interessenten. Diese führen ebenfalls selten zu unmittelbaren Abschlüssen und sind daher im Vertrieb unbeliebt. Dennoch sind sie unerlässlich, um Bestandskunden über neue Produkte im Programm angemessen zu informieren und Interessenten von den Vorteilen des Eingehens einer Geschäftsbeziehung mit dem vertretenen Anbieter zu überzeugen.

▶ Anzahl und Qualität der zu initiierenden **Anfragen**. Anfragen sollten sich idealerweise auf die erfolgversprechendsten Produkte mit der höchsten Profitabilität konzentrieren. Damit es dazu kommt, ist ein entsprechender Vorverkauf dieser Leistungen erforderlich, statt auf die am leichtesten anzudienenden Leistungen zu reflektieren.

▶ Qualität der **Angebote**. Selbst Routineaufträge innerhalb bestehender Geschäftsbeziehungen werden kaum mehr ohne formale Angebotseinholung erteilt. Insofern hat die Vernachlässigung des Angebotswesens einen entscheidenden Sperrklinkeneffekt. Vor allem kommt es darauf an, diese Angebote so auszugestalten, dass sie eine realistische Chance auf Erfolg haben (ablesbar an der Hit Rate, d. h. der Relation aus erhaltenen Aufträgen zu abgegebenen Angeboten).

▶ Nutzung von **Verkaufsaktivitäten** auch bei Servicekontakten. Gerade Kunden mit zufrieden stellend behobenen Reklamationen und Kunden, die aktuell den guten Service eines Anbieters erleben, müssen über diesen Service hinaus aktuell für Verkaufsabschlüsse angegangen werden. Dies kann sich auf Nachverkäufe (Zubehör), Ersatz- oder Erweiterungsanschaffungen oder weitere (entgeltliche) Nachkaufservices beziehen.

Zeitbudgets

Ein wichtiger Block der Zeitbudgets im Vertrieb ist die **Tourenplanung**. Sie betrifft die Besuchsreihenfolge der verschiedenen Abnehmer, die meist computergestützt in Abhängigkeit von Entfernungen zwischen zu besuchenden Kunden, Arbeitszeiten der Mitarbeiter, Reise- und Verweilzeiten bei den einzelnen Kontakten etc. ermittelt wird. Dazu dienen komplexe mathematische Verfahren, die umso schwieriger beherrschbar sind, je mehr Parameter einbezogen werden. Zumindest ansatzweise ist somit theoretisch eine Optimierung möglich.

Stattdessen können auch heuristische (Praktiker-)Verfahren eingesetzt werden. Am häufigsten geht man dabei wie folgt vor. Um den Wohnsitz jedes Außendienstlers herum wird anhand einer Landkarte konzentrisch sein Verkaufsbezirk abgegrenzt. Dieser Verkaufsbezirk wird wiederum in fünf Abschnitte („Kuchensegmente") unterteilt, wobei jeder Abschnitt für einen Arbeitstag der Woche steht. Analog können mehr oder weniger Abschnitte bestimmt werden, in Abhängigkeit von der jeweils festgelegten (hier als gleichmäßig unterstellten) Besuchshäufigkeit. Innerhalb jedes Abschnittes werden die Standorte der Besuchsadressen als Kette verbunden, jeweils startend und endend mit dem Wohnsitz des Außendienstlers (bei größeren Gebieten mit Zwischenstopp). So ergibt sich für ihn für jeden Wochentag sein Tourenplan. Dabei werden sinnvollerweise Zeitreserven eingeplant, um unvorhergesehene oder unvermeidliche Ausfälle zu kompensieren.

Da Leistung Arbeit in der Zeit ist, geht es im zweiten Aspekt um die verschiedenen **Leistungsarten**, die im Verkauf unterschieden werden können:

▶ Nutzleistung ist die dem eigentlichen Verkauf dienende Zeit, d. h. die Situation „vor Kunde", gleich ob diese erfolgreich verläuft oder nicht. Dies ist der „Auftritt" des Verkaufsaußendienstmitarbeiters, jede Minute hier ist daher bestens angelegt.

▶ Stützleistung ist die für vor- und nachbereitende Arbeiten anfallende Zeit, die zwar nicht unmittelbar dem Verkauf dient, aber erforderlich ist, um erfolgreich verkaufen zu können (z. B. Fahrtzeiten, Vorgabe- und Ergebniswesen). Mit wachsender Komplexität im Verkauf werden diese Aktivitäten immer anspruchsvoller.

▶ Blindleistung ist die Zeit, die weder der Vor- oder Nachbereitung noch der eigentlichen Durchführung des Verkaufs dient, aber unvermeidlich ist (z. B. Krankheitstage, Urlaubstage, Fortbildungszeiten). Diese Zeiten sind meist tarif- oder einzelvertraglich geregelt und machen einen erheblichen Teil des Zeitbudgets aus.

▶ Fehlleistung ist die Zeit, die vermeidbar ineffizient ist und daher minimiert werden muss (z. B. Stauzeiten, Pannen, Wartezeiten beim Kunden, ausfallende Termine). Mit zunehmender Hektik im Umfeld nehmen auch diese Zeitanteile immer mehr zu.

Berichtswesen

Von hoher Bedeutung im Vertrieb ist das Vorgabe- und Ergebniswesen, also die Information seitens des Unternehmens vor jedem Besuch und seitens der Verkaufsmitarbeiter nach jedem Besuch bei Kunden. Wichtig ist dabei eine Orientierung an den Erfordernissen des Kundenmanagements. Informationen sind daher so anzulegen, dass sie in Bezug auf diese Orientierung aussagefähig sind. Dabei werden im Zeitablauf grob vier Phasen unterschieden:

▶ Die Phase der **Kundenakquisition** (Customer Recruitment): Dabei kommt es darauf an, erstens die bestgeeigneten potenziellen Kunden (Prospects) zu identifizieren und zweitens diese überzeugend anzusprechen, um sie vom Interessentenstatus in den Neukundenstatus zu überführen.

▶ Die Phase der **Kundenpflege** (Customer Retention): Dabei kommt es darauf an, erstens die Beziehung zu einmal gewonnenen Neukunden zu festigen, damit diese zu Bestandskunden werden, und zweitens die Geschäftsbasis mit ertragreichen Kunden auszubauen (Erhöhung des Lieferanteils, Cross Selling).

▶ Die Phase der **Kundennutzung** (Customer Reinforcement): Dabei kommt es darauf an, erstens vorhandene Kunden als Referenzbasis für die Gewinnung von oder den Geschäftsausbau mit anderen Kunden zu nutzen und zweitens die aktive Weiterempfehlung durch meinungsführende Kunden zu induzieren.

▶ Die Phase der **Kundenerhaltung** (Customer Recovery): Dabei kommt es darauf an, erstens proaktiv Anzeichen für Kündigungsabsichten zu erkennen und korrigierend einzugreifen und zweitens bereits verloren gegangene ehemalige Kunden zurückzugewinnen, um die Geschäftsbasis wiederherzustellen.

Ein modernes Berichtswesen muss daher so ausgestaltet sein, dass es zweckdienliche Erkenntnisse darüber liefert. Dazu gehören z. B. Informationen über Kundenunzufriedenheiten (die Anzeichen einer bevorstehenden Kündigung sein können), Begründungen zur Ablehnung von Angeboten, Informationen über die Aufnahme neuer Lieferanten oder Anhebung anderer Lieferanten in den Status eines Preferred Supplier. Über diese routinemäßigen Informationen hinaus sind zusätzliche Informationen bedeutsam, z. B. über die Eröffnung neuer Geschäftsfelder beim Kunden, bevorstehende Akquisitionen, Personal- oder Zuständigkeitsveränderungen.

4.4   Mitarbeitersteuerung

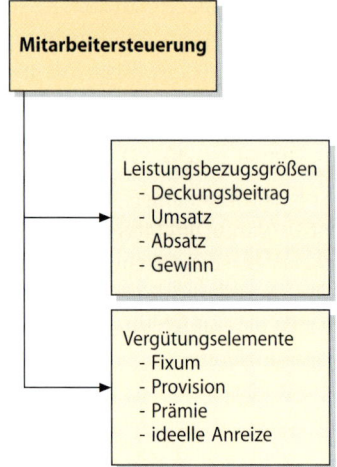

Bild 12: *Mitarbeitersteuerung*

4.4.1 Leistungsbezugsgrößen

Für die Vertriebssteuerung ergeben sich vor allem zwei Stellgrößen, die Erlöse und die Kosten. Auf die wesentlichen Kosten des Unternehmens hat der Vertrieb jedoch kaum unmittelbaren Einfluss, wenngleich sie, angesichts der Durchrationalisierung im produktiven Bereich, zunehmend als lohnendes Untersuchungsobjekt angesehen werden (z. B. Automobilindustrie).

Der Vertrieb kann seinen Beitrag demnach vor allem auf der Erlösseite leisten. Da eine isolierte Steigerung von Umsätzen ohne Berücksichtigung der Kosten wenig sinnvoll ist, ist es besser, den Gewinn als Summe der Deckungsbeiträge abzgl. der Fixkosten zu definieren. Da die Fixkosten wiederum nur gering beeinflussbar sind, bleibt als hauptsächliche Zielgröße der Deckungsbeitrag.

Der Gesamtdeckungsbeitrag bestimmt sich wiederum aus dem Produkt von Einzeldeckungsbeiträgen (Deckungsspannen) und Absatzmengen. Dies sind zugleich die beiden Einfallstore zur Optimierung, wobei Nebenbedingungen durch Einsatzfaktorkapazitäten gegeben sind. Es geht also, vereinfacht, um die Maximierung der Deckungsspannen (Differenz zwischen Erlös und zurechenbaren Kosten) und der Absatzmengen unter Restriktionen, zu denen etwa die Arbeitszufriedenheit der Vertriebsmitarbeiter gehört.

Der **Deckungsbeitrag** als Vorgabegröße hat eine Reihe von immanenten Vorteilen:

▶ Deckungsbeitragsziele führen zu einer starken Orientierung des Außendienstes an der Rentabilität, damit werden die stärksten Verkaufsaktivitäten auf die rentabelsten Produkte gelenkt. Ein deckungsbeitragsorientiert arbeitender Mitarbeiter wird versuchen, hohe Erlösschmälerungen zu vermeiden, da diese überproportional auf den Deckungsbeitrag durchschlagen (bei einem Deckungsbeitragsanteil am Umsatz von 30 % führt etwa ein 6 %iger Rabatt zu einer Deckungsbeitragseinbuße von 20 %, mithin zu einer Verringerung der Einkommensbemessungsbasis um ein Fünftel). Insofern kommt es zu ertragsbewusstem Handeln.

Allerdings stehen der praktischen Realisierung einer deckungsbeitragsorientierten Zielvorgabe einige Probleme entgegen:

- Es ist schwierig, den Deckungsbeitrag korrekt auszuweisen, weil sich die tatsächlichen Kosten (etwa gegenüber einer Vorkalkulation) ändern. Daher werden meist Verrechnungssätze angewendet, die mit Normalkosten arbeiten, aber mehr oder minder weit vom realen Deckungsbeitrag abweichen können. Zudem besteht bei offenem Ausweis der Deckungsbeiträge selbst die Gefahr, dass Mitbewerber oder Kunden vermeidbaren Einblick in die Ertragslage des Unternehmens bzw. eines spezifischen Auftrags erhalten. Denn es ist nicht auszuschließen, dass entsprechende Unterlagen in fremde Hände geraten. Von einer solchen Vorgabe müssen außerdem strategisch wichtige, aber aktuell noch wenig rentable Produkte/Aufträge ausgenommen werden (Question Marks der Portfolioanalyse). Hier sind ersatzweise Verrechnungswerte anzuwenden.

Alternativ ist denkbar, als Steuergröße ein an Deckungsbeiträgen orientiertes Punktesystem einzusetzen. Werden diese Punktwerte im Markt bekannt, ist der Schaden weitaus geringer, als wenn die dahinter stehenden absoluten Deckungsbeitragswerte bekannt würden. Zudem besteht die Flexibilität, in der Steuerung auch abweichend von Deckungsbeitragswerten vorzugehen. Dabei sind diese Punktwerte jederzeit veränderbar, auch unabhängig von konkreten Erfolgsgrößen. Außerdem entgeht man der durchaus nicht so fern liegenden Gefahr, dass Verkäufer Deckungsbeitragswerte mit Gewinn verwechseln und eine gefährliche Preisnachgiebigkeit an den Tag legen.

Allerdings ändern sich bei Preisänderungen die Punktwerte nicht unbedingt automatisch mit, sodass diese immer wieder nachzujustieren sind. Gleiches gilt bei Erlösschmälerungen. Außerdem leidet die Transparenz des Ansatzes durch einen hohen Administrationsaufwand.

Weiterhin ist die Ausrichtung an **Umsatzwerten** üblich. Denn der Umsatzwert ist einfach zu messen und weder Kunden noch Mitbewerber oder Mitarbeiter erhalten dadurch ungewollt Einblick in die Ertragssituation des Unternehmens. Bei Preisänderungen erfolgt weiterhin eine automatische Anpassung ohne administrativen Aufwand.

Jedoch besteht die Gefahr, dass dann Umsätze um jeden Preis gemacht werden, wobei Erlösschmälerungen überproportional auf den Gewinn/Deckungsbeitrag durchschlagen. Ebenso ist eine Steuerung auf spezielle Produkte/Kunden/Gebiete schwierig. Die Vertriebskosten gehen in den Umsatzwert gar nicht ein, sodass eine Kostensteuerung dort problematisch ist. Außerdem sagt der Umsatz noch nichts über die Profitabilität eines Abschlusses aus.

Häufig wird an Stelle der Wertgröße Umsatz auch die Mengengröße **Absatz** zur Steuerung eingesetzt. Diese bietet den Vorteil, dass sie sehr leicht messbar ist und auf die Verrechnung im Vertrieb ohnehin schwer erfassbarer Kostengrößen verzichtet. Außerdem kann bei üblicherweise hohen Fixkostenanteilen unterstellt werden, dass Aktivitäten umso rentabler sind, je mehr Menge sie repräsentieren (Kostendegressionseffekt). Ebenso werden inflationäre Effekte neutralisiert.

Allerdings bedeutet eine solche Leistungsbasis auch, dass auf jegliche Profitabilitätsüberlegungen als Steuergröße des Vertriebs verzichtet wird.

Die zentrale Steuergröße ist zweifellos der Gewinn. Im Vertrieb erfordert der **Gewinn** als Leistungsbasis jedoch eine ausdifferenzierte Kosten- und Leistungsrechnung. Über die Anforderungen hinaus, die daran hinsichtlich des Deckungsbeitrags gestellt werden, müssen hier alle Kostenbestandteile berücksichtigt werden. Da die Mehrzahl der Kosten typischerweise aber nicht im Vertriebsbereich sondern in anderen Unternehmensbereichen verursacht wird, stellt sich die Frage der Sinnhaftigkeit dieser Steuergröße.

 Die Leistungsbasis kann sich dabei jeweils auf Gesamtgrößen, Teilgrößen oder Veränderungsgrößen beziehen:

- Bezogen auf Gesamtgrößen ergeben sich entsprechend der Gesamtumsatz, der Gesamtabsatz, der Gesamtdeckungsbeitrag und der Gesamtgewinn als mögliche Leistungsbasis.
- Bezogen auf die Teilgröße Kunden(gruppe) ergeben sich entsprechend der Kundenumsatz, der Kundenabsatz, der Kundendeckungsbeitrag und der Kundengewinn als mögliche Leistungsbasis.
- Bezogen auf die Teilgröße Produkt(gruppe) ergeben sich entsprechend der Produktumsatz, der Produktabsatz, der Produktdeckungsbeitrag und der Produktgewinn als mögliche Leistungsbasis.
- Bezogen auf die Teilgröße Gebiet ergeben sich entsprechend der Gebietsumsatz, der Gebietsabsatz, der Gebietsdeckungsbeitrag und der Gebietsgewinn als mögliche Leistungsbasis.
- Bezogen auf Veränderungsgrößen ergeben sich entsprechend der Umsatzzuwachs, der Absatzzuwachs, der Deckungsbeitragszuwachs und der Gewinnzuwachs (oder jeweils -abwachs) als mögliche Leistungsbasis.

Zur Detailsteuerung treten zu diesen Größen häufig Sondergrößen in Abhängigkeit von Forderungsausfall, Kundenbeurteilung etc. hinzu. Grundsätzlich ist eine Steuerung umso feinteiliger möglich, je differenzierter die Leistungsbasis definiert ist. Zugleich wird dabei jedoch die Transparenz der Leistungsbasis immer geringer. Die interne Leistungsbasis kann sich auch in der Leistungshonorierung der Verkaufsaußendienstmitarbeiter widerspiegeln.

4.4.2 Vergütungselemente

Die materiellen Formen der Honorierung im Vertrieb betreffen Fixum, Provision und Prämie. Die variablen Anteile Provision und Prämie machen dabei im Allgemeinen max. ca. 20 % des Gesamtentgelts aus.

Das **Fixum** bietet eine finanzielle Sicherheit für den Mitarbeiter, ist einfach und übersichtlich in der Handhabung und unterliegt einem Kostendegressionseffekt bei steigenden Umsätzen. Außerdem wird einem „Verkaufen um jeden Preis" vorgebeugt. Jedoch besteht wenig Leistungsanreiz und damit Ungerechtigkeit gegenüber tüchtigen Mitarbeitern. Bei fallenden Umsätzen schlägt die progressive Kostenwirkung des Fixums für den Betrieb voll durch. Eine Feinsteuerung muss zudem durch zusätzliche Anweisungen oder Anreize erfolgen. Außerdem besteht die Gefahr der Abwanderung aktiver Kräfte und des Verbleibs der passiven bei Mitarbeiterfluktuation.

Daher sind variable Vergütungsbestandteile in vertretbarem Umfang sinnvoll. Mit einer **Provision** ist ein starker Leistungsanreiz verbunden, der zwar gezielt steuerbar ist und sich parallel zur Umsatzentwicklung bewegt, jedoch entsteht leicht eine gewisse Unübersichtlichkeit im Provisionssystem, werden als Folge evtl. wichtige indirekte Verkaufsaufgaben vernachlässigt oder gar unfaire Verkaufspraktiken eingesetzt. Außerdem besteht die Gefahr von Preiszugeständnissen an Kunden, und neue Mitarbeiter sind nicht immer nahtlos zu integrieren. Vor allem wandern in schlechten Zeiten die guten Verkäufer zuerst ab.

Wegen dieser Nachteile dominieren **Prämien** als variabler Vergütungsanteil im Verkauf. Sie sind flexibel zu handhaben sowie schnell wirksam und erfordern bei richtigem Einsatz kein aufwändiges Handling. Sie sind besonders geeignet, sachlich, zeitlich und räumlich begrenzt stattfindende Verkaufsaufgaben zu steuern.

Ideelle Anreize stellen demgegenüber Maßnahmen dar, die den Verkäufer im Betrieb hervorheben, wie Karrieregespräch, Lob/Auszeichnung, Ernennung/Vollmacht, Mitgliedschaft im Topverkäufer-Club etc. Hinzu kommen Schulungs- und Trainingsmaßnahmen als Anreiz, die zugleich zur Gewährleistung eines hohen Informationsstandards beitragen. Denkbar sind auch geldwerte Sachleistungen, die Verkäufern unentgeltlich oder subventioniert zur Verfügung gestellt werden (z. B. Geschäftswagen auch zur privaten Nutzung). Für alle Maßnahmen bestehen jedoch Abnutzungseffekte. Außerdem wird deren Attraktivität interpersonell stark unterschiedlich bewertet. Weiterhin besteht die Gefahr, dass diese Anreize im Verlauf der Zeit als fester Vergütungsbestandteil angesehen werden und weder abbaubar noch sonderlich leistungsfördernd sind.

Die Vergütung hat im Einzelnen dreierlei Anforderungen zu genügen, betrieblichen, mitarbeiterbezogenen und rechtlichen. Betriebsspezifisch sind vor allem Aspekte wie die Berücksichtigung aller relevanten Ziele, ein angemessener Flexibilitätsgrad, hohe Wirtschaftlichkeit, weitgehende Leistungsorientierung, geeignete Führungs- und Steuerungsfähigkeit, sinnvolle Einkommensrelationen und eine gewisse Dauerhaftigkeit der Geltung zu nennen. Mitarbeiterspezifisch sind vor allem Aspekte wie die Sicherung einer Mindestentlohnung, ein attraktives Gesamtniveau, gute Übersichtlichkeit und Nachprüfbarkeit, strikte Gerechtigkeit und ein nachvollziehbares Kausalitätserlebnis zu nennen. Rechtliche Anforderungen betreffen vor allem Aspekte wie die Einhaltung von gesetzlichen und tariflichen Normen in Betriebsvereinbarungen, Mitwirkungs- und Mitbestimmungsrechten sowie die Berücksichtigung des Gleichstellungsgrundsatzes.

Auch die Behandlung des zeitlichen Aspekts der variablen Vergütungsanteile während eines lang laufenden Projekts, wie es etwa im Anlagenbau häufig gegeben ist, muss geregelt werden. Üblich sind hier Prämien- oder Provisionszahlungen nach Projektfortschritt, z. B. 1/3 bei Vertragsabschluss, 1/3 bei Auslieferung und 1/3 bei planmäßigem Zahlungseingang.

Die Höhe der Erfolgsvorgaben und die Festlegung der Gebietszuweisung stehen zumeist in enger Wechselwirkung, weil mit einer Gebietsänderung immer auch eine Absatzpotenzialveränderung gegeben ist, die ihrerseits wiederum eine Änderung der Erfolgsvorgaben erforderlich werden lässt.

Das Basiseinkommen jedes Mitarbeiters ist, meist in Abhängigkeit von Lebensalter, Betriebszugehörigkeit, Qualifikation etc. festzulegen. Dieses Einkommen ergibt sich als Summe aus fixem und variablem Anteil, wenn die Vorgaben für den variablen Anteil zu 100 % erfüllt werden, und ist damit Ausgangspunkt der Entlohnungsstaffel.

Üblich ist dabei eine Zoneneinteilung im Verlauf mit einem Mindesteinkommen, d. h. dem fixen Anteil, der dem Mitarbeiter eine auskömmliche Existenz auch dann sichert, wenn Absatzerfolge vorübergehend ausbleiben, sowie einem Höchsteinkommen, das den variablen Anteil deckelt, weil bei auffällig hoher Übererfüllung der Leistungsstandards daran zu zweifeln ist, dass die Vorgabewerte realistisch sind. Für den Fall, dass das komplette Einkommen variabel ist, wird meist eine Untergrenze als Einkommenssicherung eingezogen.

Denkbar ist es auch, die Mitarbeiter selbst über die Aufteilung von fixen und variablen Einkommensbestandteilen entscheiden zu lassen. Dies ermöglicht nicht nur eine stärkere Identifikation mit den Vorgabezielen, sondern offenbart zugleich auch die Leistungserwartung jedes Mitarbeiters (Self Selection). Verzerrend wirkt dabei, dass exogene Ereignisse, auf die der Mitarbeiter selbst keinen Einfluss hat, dennoch auf sein Einkommen durchschlagen (wie er allerdings umgekehrt auch an Mitnahmeeffekten/Windfall Profits partizipiert).

Üblicherweise ist im Vertrieb neben dem Verkaufsaußendienst, also den Mitarbeitern, welche die unmittelbare Kundenverantwortung haben und überwiegend nach ergebnisbezogenen Modellen bezahlt werden, der Einsatz des Verkaufsinnendienstes erforderlich, der den Außendienst bei administrativen Aufgaben entlastet. Diese Mitarbeiter werden überwiegend fest honoriert, obgleich sie zum Gelingen oder Ausbleiben von Abschlüssen ebenso beitragen wie die Mitarbeiter „an der Kundenfront". Daraus resultieren häufig gravierende Einkommensunterschiede mit der Gefahr von Friktionen. Häufig werden erfolgreiche Innendienstmitarbeiter auch zu Außendienstmitarbeitern befördert, was nicht unbedingt adäquat sein muss, da die Anforderungsprofile an die Stelleninhaber doch erheblich voneinander abweichen, oder es werden ältere oder vermeintlich erfolglose Außendienstmitarbeiter in den Innendienst versetzt.

Um die Bezahlungsstruktur unproblematisch zu halten, wird häufig auf eine Teamhonorierung abgestellt, bei der alle beteiligten Mitarbeiter am Ertrag eines Kunden partizipieren. Allerdings stellt sich dann die Frage nach einem gerechten Verteilungsschlüssel, damit keine Fehlanreize entstehen.

Bei Änderungen der Vergütung ist zudem regelmäßig die Zustimmung des Betriebsrats (auch bei außertariflich Angestellten) einzuholen. Dabei kann tendenziell davon ausgegangen werden, dass Mitarbeiter in größeren Unternehmen und in aufstrebenden Branchen eine höhere Vergütung erzielen.

5 Kommunikation im Vertrieb

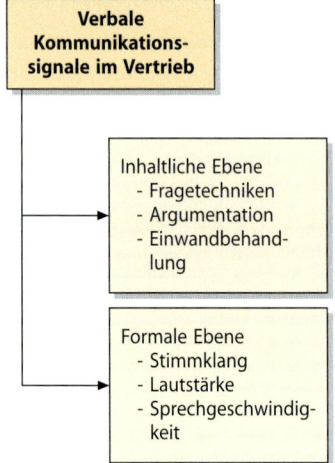

Bild 13: *Verbale Kommunikationssignale im Vertrieb*

5.1 Verbale Signale

5.1.1 Inhaltliche Ebene

Zu Beginn jeder Verkaufstransaktion geht es darum, die Bedürfnislage des Kunden/Interessenten für den Anbieter transparent zu machen. Dies kann auf zwei Wegen erfolgen. Erstens durch den Nachfrager, indem dieser sein Anliegen artikuliert, oder zweitens durch den Anbieter, indem dieser die Erwartungen seines Gegenübers an eine Problemlösung durch **Fragetechniken** hinterfragt.

Die aktive Darstellung des Anliegens ist naturgemäß die nahe liegende und bessere Alternative. Jedoch entspricht es den Erfahrungstatsachen wohl jedes Verkäufers, dass potenzielle und aktuelle Kunden nicht immer in der Lage sind, sich so präzise und sachbezogen zu äußern, dass daraus ihr Problem und die Umfeldverhältnisse (Einsatz, Budget, Integralerfordernisse etc.) deutlich werden. Daher lassen sich wertvolle Zeit und Nerven sparen, wenn man Fragetechniken einsetzt.

Am besten geht man dabei in mehreren Schritten vor. Zunächst ist es zweckmäßig, den Gegenüber sein Anliegen auf eine offene Frage hin erläutern zu lassen. Dadurch erhält man einen ersten, groben Eindruck vom Bedarf.

Hilfreich ist es, sich während dieser Ausführungen Stichworte zu notieren, noch besser ist es, eine kleine Skizze anzufertigen, aus der die Umfeldbedingungen des Verkaufs hervorgehen.

Im besten, wenngleich seltenen Fall sind die Ausführungen des Kunden/Interessenten bereits so eindeutig, dass sich daraus ein klares Bild ergibt. Häufiger geht es im nächsten Schritt darum, diese ersten Erkenntnisse zu verifizieren und zu komplettieren. Das heißt, der Anbieter muss sicherstellen, dass er den Bedarf richtig und vollständig erfasst.

Da oftmals tatsächlich wichtige Faktoren als nicht relevant unterstellt und deshalb unterschlagen werden, ist eine Qualifizierung der Ausführungen erforderlich. Diese Qualifizierung geht sinnvollerweise anhand einer Fragen-Checkliste vor.

Bei der **Argumentation** handelt es sich um den Gesprächsaufbau analog didaktischer Prinzipien. Diese besagen etwa: vom Einfachen zum Komplizierten, vom Bekannten zum Unbekannten oder vom Speziellen zum Allgemeinen. Im Verlauf der Zeit sind beinahe unzählige Argumentationstechniken vorgeschlagen und entwickelt worden.

Wohl am besten praktisch bewährt hat sich die „Tit for Tat"-Technik (bedeutet so viel wie „Wie Du mir, so ich Dir"). Darunter versteht man eine Argumentation, die zunächst von einer kooperativen Grundhaltung der Gesprächspartner ausgeht und deshalb versucht, gemeinsam eine konstruktive Lösung zu finden. Dieser Ansatz wird so lange beibehalten, bis der Partner sich destruktiv verhält. Dann wird die Argumentation sofort auf eine unkooperative Grundhaltung umgestellt. Der Partner soll merken, dass er aus seinem destruktiven Verhalten keinen Vorteil für seine Position ziehen kann. Zugleich wird die eigene Position nicht belastet, da man nur auf die Aktion des anderen reagiert. Dieser andere hat jetzt zwei Möglichkeiten. Er kann seine Linie wieder auf eine konstruktive Argumentation korrigieren. Dann schwenkt man selbst augenblicklich ebenso wieder auf eine konstruktive Argumentation ein, ohne dem Gegenüber irgendwelche Vorhaltungen zu machen. Oder er setzt seine destruktive Argumentation fort, dann hält man dagegen. Wenn der andere sich erst einmal festgebissen hat, wird er sich wohl oder übel korrigieren müssen. Bis dahin hat er aber wertvolle Verhandlungspositionen eingebüßt, die man ihm nicht wieder preisgeben wird. Denn die Tit for Tat-Argumentation ist immer vorwärts gerichtet, d. h., ebenso wie keine Vorhaltungen gemacht werden, werden auch keine bereits kassierten Positionen wieder freigegeben.

Diese Technik ist verblüffend einfach einsetzbar und funktioniert, indem dem Gesprächspartner klar wird, dass er selbst mit seinem Verhalten den Fortgang des Gesprächs bestimmt. Ist er an keinem konstruktiven Ergebnis interessiert, wird er es auf eine Eskalation ankommen lassen, dann war aber ein vernünftiger Abschluss ohnehin außerhalb der realistischen Möglichkeiten. Ist er hingegen an einem konstruktiven Ergebnis interessiert, wird er, nachdem er festgestellt hat, dass Destruktion ihn nicht zum Ziel führt, einlenken und sich partnerschaftlich verhalten. Dann aber kann ein Abschluss weitaus eher zu eigenen Bedingungen durchgesetzt werden. Einer unerwünschten Eskalation beugt man als Verkäufer dadurch vor, dass man zwar hart in der Sache, aber immer verbindlich im Ton bleibt. Denn man muss stets bestrebt sein, den Weg für einen kooperativen Gesprächsverlauf offen zu halten.

Eine Argumentation kann so lange nicht überzeugend wirken, wie nicht alle Einwände der anderen Seite ausgeräumt sind. Wären alle Einwände bekannt, könnten sie Schritt für Schritt widerlegt werden. Das praktische Problem besteht jedoch darin, dass nicht alle Einwände vom Gegenüber genannt oder aber andere Gründe (Vorwände) genannt werden, hinter denen sich die tatsächlichen Einwände verbergen.

Für diese **Einwandbehandlung** ist eine analytisch-abstrakte Denkweise hilfreich, damit alle Einwände, die gegen die vorgetragene Argumentation sprechen könnten, bereits proaktiv aufgegriffen und widerlegt werden können. Dies weicht erheblich von der ansonsten verbreiteten Übung ab, wonach eher „keine schlafenden Hunde geweckt" werden sollen. Allerdings sind auch erfahrene Verkäufer nicht davor gefeit, etwaige Einwände zu übersehen, vor allem aber, gegen Aspekte anzuargumentieren, die tatsächlich nur Vorwände für dahinter stehende, verborgen bleibende Einwände sind.

Gründe für ein solches Versteckspiel liegen etwa darin, dass Äußerungen ansonsten professionelle Tabus brechen können oder sozialer Erwünschtheit widersprechen. Dann ist es wichtig, durch behutsames Nachfragen an die tatsächlichen Einwände zu gelangen, denn erst, wenn diese offen liegen, kann überzeugend dagegen argumentiert werden.

5.1.2 Formale Ebene

Der **Stimmklang** ist eine Variable, die für Menschen nur schwer beeinflussbar ist, da sie mit Veranlagung und Sozialisation zu tun hat. Dennoch ist es möglich, hier zumindest versuchsweise gestaltend Einfluss zu nehmen.

Allgemein wird eine sonore, eher tiefe **Stimmlage** als eindrucksvoller und ernsthafter aufgenommen als eine schrille, eher hohe Stimmlage. Dies benachteiligt die meisten Frauen (wobei Frauen generell die besseren Kommunikatoren sind). Männer mit schriller, eher hoher Stimmlage sind ebenso meist im Nachteil. Man kann die Stimmlage in Maßen beeinflussen, wenn man sich zwingt, eher am unteren Ende des individuellen Stimmspektrums zu sprechen.

Zum Stimmklang gehört auch der **Dialekt**. Allgemein wird ein leichter, nicht penetranter Dialekt als angenehm empfunden. Abhängig von der Kommunikationssituation ist auch hier eine Variation sinnvoll. So kann ein Dialekteinschlag bei Kunden mit Dialekt, wie das im unteren sozialen Milieu häufiger einmal der Fall ist, Vertrauen erweckend wirken, bei einem Vortrag vor einem Einkaufsgremium ist aber ein akzentfreies Hochdeutsch sicherlich von Vorteil.

Eine weitere Variable ist die **Modulation** der Stimme. Die Artikulation kann eher hart und prononciert erfolgen oder eher weich und dezent. Frauen verstehen es meist besser, ihre Stimme nachgiebig und einfühlsam zu variieren. Das kann vor allem verhärtete Verhandlungssituationen entkrampfen. Allerdings wird durch diese Modulation gelegentlich die Nachdrücklichkeit eines Vortrags vom Gegenüber unterschätzt. Eine harte und prononcierte Artikulation macht hingegen diese Nachdrücklichkeit deutlich, verschärft aber ohnehin angespannte Gesprächssituationen meist noch weiter.

Die **Lautstärke** ist ein offensichtliches Gestaltungselement, das allerdings meist unzweckmäßig eingesetzt wird. So ist eine deutliche Anhebung der Lautstärke im Zuge einer Auseinandersetzung ausgesprochen disfunktional, signalisiert sie dem Gegenüber doch die erhebliche emotionale Aufladung des Sprechers. Dies kann er geschickt nutzen, indem er heikle Details anspricht und darauf hofft, dass der Sprecher sich im Zuge seiner Erregung zu unvorsichtigen Äußerungen hinreißen lässt. Daher ist es unerlässlich, die Lautstärke zu beherrschen.

Grundsätzlich ist die gewählte Lautstärke von den situativen Umständen abhängig, z. B. von der Raumgröße, der Anzahl der Personen, an die man sich wendet, oder den akustischen Bedingungen. Im normalen Gespräch hat sich eine etwas größere als die als normal empfundene Lautstärke bewährt. Dies sichert dem Sprecher die Aufmerksamkeit des Gegenübers, sorgt für bessere phonetische Verständlichkeit und gibt der geäußerten Stellungnahme ein höheres Gewicht. Unbewusst wirkt der mit etwas lauterer Stimme Vortragende zugleich überzeugender.

In Bezug auf die **Sprechgeschwindigkeit** sind zwei entgegengesetzte Meinungen verbreitet. Anhänger einer eher niedrigen, getragenen Sprechgeschwindigkeit verweisen darauf, dass es auf diese Weise für den Gegenüber möglich ist, komplexe Argumentationen besser begreifbar und nachvollziehbar zu machen. Die einzelnen Sätze und ihre Fakten erhalten dadurch mehr Gewicht, können sich dem/den Zuhörer/n besser einprägen und überfordern dadurch nicht seine/ihre Aufnahmefähigkeit. Allerdings wirkt eine langsame Sprechgeschwindigkeit auch leicht eintönig und einschläfernd. Dies behindert aber gerade die Absicht besserer Verständlichkeit.

Die Anhänger einer eher forcierten, dynamischen Sprechgeschwindigkeit verweisen demgegenüber darauf, dass es auf diese Weise möglich ist, Zuhörer für einen Vortrag einzunehmen und ihre Aufmerksamkeit zu fesseln. Auf den ersten Anhieb nicht verständliche Fakten oder Zusammenhänge erklären sich im Regelfall durch die unvermeidliche Redundanz der Sprachinhalte von selbst, sodass die gleiche Transportleistung erreicht, einem Absinken der Aufmerksamkeit aber entgegengewirkt wird.

Wie immer kommt es sicherlich darauf an, über welche Sachverhalte und vor welchem Auditorium man spricht. Grundsätzlich ist eine eher forcierte, dynamische Sprechgeschwindigkeit jedoch zu bevorzugen. Keinesfalls darf dabei aber der Eindruck des Gehetztseins entstehen. Außerdem muss stets sichergestellt bleiben, dass die Gedanken immer noch schneller sind als das gesprochene Wort.

Am besten ist eine Variation der Sprechgeschwindigkeit, um die Vorteile beider Meinungen zu nutzen. Eine eher langsame Ausdrucksweise ist etwa sinnvoll, wenn besonders komplizierte Inhalte transportiert werden sollen, wenn den Ausführungen besonders hohes Gewicht beigemessen werden soll sowie generell dann, wenn der Gegenüber Anzeichen kognitiver Überforderung zeigt. Eine eher forcierte Ausdrucksweise ist angezeigt, wenn es um die Darstellung von Routineinhalten geht, wenn Inhalte und Zusammenhänge wiederholt und zusammengefasst werden sowie generell dann, wenn der Gegenüber Zeichen von Ablenkung zeigt.

5.2 Nonverbale Signale

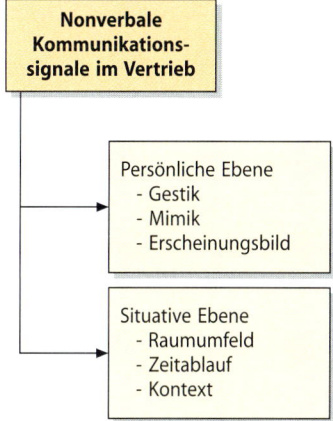

Bild 14: *Nonverbale Kommunikationssignale im Vertrieb*

Der weitaus überwiegende Teil der Kommunikation erfolgt aber nicht auf verbaler, sondern auf nonverbaler Ebene. Dies gilt vor allem, wenn es darum geht, sich einen ersten Eindruck vom Kommunikationspartner zu verschaffen. Nicht nur, dass wir alle geneigt sind, uns spontan unseren Eindruck vom Gegenüber durch sein Erscheinungsbild zu bilden, sondern dieser erste Eindruck ist meist auch entscheidend für die Einstellung zum Gesprächspartner und bestimmt nachhaltig die weiteren Transaktionen. Häufig entsteht dieser Eindruck schon, bevor überhaupt das erste Wort gesprochen worden ist, eben auf Basis nonverbaler Signale. Daher ist die Bedeutung dieser nonverbalen Signale überhaupt nicht hoch genug einzuschätzen.

5.2.1 Persönliche Ebene

Die **Gestik** umfasst alle Signale der Körperhaltung, vor allem die Extremitäten, den Rumpf und den Kopf (nicht hingegen den Gesichtsausdruck). Bei den Extremitäten ist wiederum vor allem die Haltung der Arme/Hände von großer Bedeutung. Dies rührt vor allem daher, dass aus der Gestik bei Sensibilisierung unmittelbar bestimmte Gemütszustände und Denkhaltungen ablesbar sind. Anders als beim gesprochenen Wort, bei dem das Lügen bei einiger Übung ausgesprochen leicht fällt, erfordert das „Lügen" mit der Gestik, also die Suggestion eines anderen Gemütszustands und einer anderen Denkhaltung als der tatsächlich vorliegenden, intensives Training. Wenn man weiß, dass bestimmte Gesten zumindest in der abendländischen, mitteleuropäischen Kultur von anderen Personen in bestimmter Weise interpretiert werden, kann man sich diese Körpercodes zu Nutze machen. Für die Gestik stehen daher übereinstimmende Interpretationen bereit.

- Gerade stehen vermittelt eine positive Grundstimmung, Selbstbewusstsein,
- hängende Schultern, hängender Kopf zeigen Niedergeschlagenheit, Unterlegenheitsgefühl, Unwohlsein,
- verschränkte Beine bedeuten Distanz zum Gegenüber, Vorsicht und Defensive,
- leicht geöffnete oder parallele Beine signalisieren aufmerksames Zuhören, Aufnahmebereitschaft,
- verschränkte Arme zeigen Abgrenzung, Verschlossenheit zum Gegenüber an,
- vorgebeugter Oberkörper signalisiert Interesse, Offenheit,
- Spielen mit Gegenständen indiziert Nervosität, Unaufmerksamkeit,
- Hände, die den Mund verdecken, bedeuten Unsicherheit, Zurückhaltung,

- gefaltete Hände zeugen von Abwehr, Vorsicht,
- Händereiben bedeutet Selbstsicherheit,
- mit den Händen die Stuhllehne umklammern deutet zurückgehaltene Gefühle, Haltsuchen an,
- geballte Fäuste stehen für Feindseligkeit,
- Kopfnicken zeigt Zustimmung, Anpassung, Ergebenheit, geistige Abwesenheit, Ungeduld,
- häufig gewechselte Sitzpositionen indizieren Anspannung, Stress, unbequeme Situation,
- Hände in den Hosentaschen oder auf dem Rücken bedeuten Unsicherheit, Ablehnung, Überheblichkeit.

Die **Mimik** umfasst alle Signale des Gesichtsausdrucks, vor allem die Stellung der Augen/Pupillen, der Stirnfalten und des Mundes. Diesen Signalen kommt deshalb besonders hohe Bedeutung zu, weil das Gesicht im Gespräch als Fixationspunkt gilt. Den Gegenüber anzusehen (nicht anzustarren) ist ein Gebot der Höflichkeit. Auch hier werden in der abendländischen, mitteleuropäischen Kultur mimische Ausdrucksweisen in übereinstimmender Weise interpretiert.

Daher ist die Mimik nicht nur ein probates Mittel der Signalaussendung an andere, sondern vor allem ein hilfreicher Sensor für die Signalaussendung von anderen. Da diese anderen sich ihrer Mimik selten bewusst sind, erhält man auf diese Weise gedanklich und sprachlich anderweitig unverzerrte Hinweise von ungeheurem Wert. Daher ist es unerlässlich, den Gegenüber in regelmäßigen Abständen anzuschauen und seine Mimik beiläufig zu decodieren. Entsprechend kann die eigene Kommunikation feinjustiert werden. Auch für die Mimik stehen übereinstimmende Interpretationen bereit.

- Stirnrunzeln deutet auf Konzentration, Entschlossenheit hin, aber auch auf Zweifel,
- Lächeln bedeutet Offenheit, Zugänglichkeit, aber auch Nicht-Ernstnehmen des anderen,
- zusammengekniffenes Gesicht weist auf Unzufriedenheit, Ärger, Verbissenheit hin,
- zusammengepresster Mund bringt Wut, Aggression zum Ausdruck,
- hängende Mundwinkel bedeuten Trauer, Sorge, Geringschätzung,
- Blick zur Seite heißt, dem Gegenüber auszuweichen, über Ausreden nachzudenken,
- Blick nach unten signalisiert Vorsicht, Unterwürfigkeit, Unwohlsein,
- Blick zum Gegenüber zeugt von Interesse, Aufmerksamkeit,
- unruhiger Blick dokumentiert Anspannung, Stress, Unsicherheit,
- Blick auf einen Punkt weist auf Unkonzentration, Ablenkung hin,
- Augenbrauen hochziehen bedeutet Ungeduld, Ärgerlichkeit.

Zum äußeren **Erscheinungsbild** gehören vor allem die Physiognomie, die Kleidung und die Ausstattung. Die Physiognomie wiederum betrifft vor allem die Körpergröße, die Körperproportionen und das Körpergewicht. Diese Elemente sind nur begrenzt bewusst gestaltbar, es gibt jedoch genügend Möglichkeiten, als unerwünscht angesehene physiognomische Merkmale zu kaschieren (z. B. durch Kleidung) oder zu verändern (z. B. durch Training). Zur Physiognomie gehört auch die Haartracht, das Vorhandensein von Brille oder Bart sowie allgemein die Gepflegtheit. Wir kennen die Vorurteile vom Langhaarigen, der angeblich aufrührerisch ist, und vom Geradegescheitelten, der aalglatt ist, vom Brillenträger, der besonders intelligent ist, und vom Bartträger, der mental undurchsichtig bleibt. Das alles kann zutreffen oder auch nicht, Tatsache ist, dass man, wenn diese Vorurteile auf die eigene Person nicht zutreffen sollen, erst einmal gegen diese Vorurteile anarbeiten muss, was ein gut Teil an anderweitig kostbar einsetzbarer Energie verbraucht.

In gleicher Weise gelten Kleinwüchsigere als besonders ehrgeizig und bissig, Übergewichtige als gemütlich und Menschen mit besonders langem Rumpf oder langen Beinen als unbeholfen. Hier ist ernsthaft zu überlegen, ob man optisch kaschierend eingreift. Fehlender Körpergröße kann man etwa durch hohe Absätze oder Schuheinlagen nachhelfen, den Körperproportionen durch geschickte Wahl von Schnitt und Musterung der Bekleidung. Das Körpergewicht kann moduliert oder wiederum durch Schnitt und Musterung der Bekleidung zumindest abgefedert werden.

Bei alledem ist aber auch die Körperkultiviertheit bedeutsam. Diese wird meist an der Gepflegtheit der Haartracht, bei Frauen am Make-up, bei Männern an der Rasurgründlichkeit sowie am Zustand von Händen und Fingernägeln festgemacht. Als Verkäufer sollte es sich von selbst verstehen, dass an die Körperpflege hohe Ansprüche zu stellen sind. Dies gehört zum professionellen Selbstverständnis. Außerdem gehen vom Erscheinungsbild entscheidende Signale aus, denn so wie man geneigt ist, andere anhand ihres Erscheinungsbilds zu kategorisieren, obwohl man sie überhaupt nicht kennt, so wird man selbst von anderen ebenso kategorisiert. Und da ist es hilfreich, gleich in der richtigen Kategorie zu landen.

Von großer Bedeutung ist in diesem Zusammenhang die Kleidung, denn Kleider machen Leute. Die Wahl der Kleidung signalisiert, allein schon, weil sie nicht zu übersehen ist, viel über die darin steckende Person. Variablen der Kleiderwahl sind vor allem die Farbe, die Musterung, der Schnitt sowie die Zusammenstellung und Angemessenheit der Kleidungsstücke. Grundsätzlich gilt hier, für Frauen mehr noch als für Männer, dass modische Kleidung vorteilhaft ist, wobei diese immer dem jeweiligen Anlass angemessen sein muss und nicht übertrieben werden darf. Mit altmodischer, unpassender oder unangemessener Kleidung setzt man sich den kritischen Einschätzungen anderer aus, was einen entscheidenden Verhandlungsnachteil bedeutet. Was gerade als modisch gilt, entnimmt man am einfachsten entsprechenden Fachzeitschriften, auch kann man davon ausgehen, dass das, was Personen in aktuellen Fernsehsendungen oder Prominente tragen, angesagt ist.

Ein wesentliches Element des Erscheinungsbilds sind schließlich die Ausstattungen, mit denen Menschen sich umgeben, also z. B. Brillengestell, Armbanduhr, Schmuck, Schreibgeräte, Taschen. Diese sagen unweigerlich viel über die Person, die sich dieser Ausstattungen bedient, aus. Wohl jeder ist geneigt, Personen, die man anderweitig nicht kennt, anhand der Ausstattungsstücke, mit denen sie sich umgeben, einzuschätzen. Daher gehört zur bewussten Gestaltung des Erscheinungsbilds gerade auch die Wahl dieser Ausstattungen.

Dabei kommt es weniger auf die Gebrauchseignung an, diese ist in der weit überwiegenden Zahl der Fälle ohnehin gegeben, sondern vielmehr auf die Signalwirkung, die von diesen Accessoires ausgeht. Dies sind in aller Regel die Marke (Markenzeichen), das Design (Reduktion) und das Material (Hochwertigkeit). Dabei gelten bestimmte Ausstattungen als professionell, sodass ein Verkäufer, der prima vista als professionell angesehen werden will, um deren Verwendung kaum umhin kommt. Zu denken ist dabei etwa an das Designer-Brillengestell, das möglichst individuell der Kopf- und Gesichtsform angepasst sein sollte, an die Armbanduhr, die eher in Richtung klassischer Chronometer gehen sollte, an das Schreibgerät, das gleichfalls eher traditionell ausgelegt sein sollte, oder die Aktentasche, die modisch-funktionell gestaltet ist. Alle diese Accessoires sind z. B. bereits in einem einfachen Beratungsgespräch ohne weiteres signalsetzend und auch nicht zu verbergen.

5.2.2 Situative Ebene

Entscheidend für die persönliche Kommunikation ist auch das **Raumumfeld**, in dem man sich befindet. Dabei sind vor allem die Modalitäten der Lage, der Größe und der Einrichtung von Bedeutung. Sowohl bei der Wahl des eigenen Geschäftssitzes als auch bei Außengesprächen mit Interessenten und Kunden ist die Lage des Gesprächsorts extrem vielsagend. Die Milieutheorie geht davon aus, dass die Standortwahl keineswegs zufällig ist, sondern Ausdruck der Wertvorstellungen des Handelnden. So findet man internationale Unternehmensberatungen, Privatbanken oder erstklassige Ärzte und Anwälte nur in bestimmten Lagen, und nur dort werden Interessenten sie auch bewusst suchen. Ebenso ist das mit dem Standort auch jedes anderen Betriebs. Aus einer Geschäftslage im Industriegebiet kann daher mühelos auf Werte wie Effizienz, Kostenbewusstsein, Rationalität etc. geschlossen werden, ebenso aus einer Geschäftslage in einem Villenviertel auf Status, Lebensstil oder Preisbereitschaft.

Innerhalb der Lage ist die Raumgröße ein wichtiger Indikator. Auch hier ist es nicht zufällig, dass wichtigere Per-

sonen (oder solche, die sich für wichtig halten) über groß-
zügigere Raumverhältnisse disponieren als andere. In hierar-
chisch strukturierten Unternehmen geht das bis in für Au-
ßenstehende verwunderlich erscheinende Dimensionen wie
Stockwerk (möglichst obere Etage), Raumanordnung (möglichst Ecklage), Fensterzahl (möglichst hoch), benachbarte
Büros (möglichst Stabsstellen) etc. Daraus kann also mit
einiger Sicherheit auf die mutmaßliche Bedeutung des
Gesprächspartners geschlossen werden.

Als dritte wichtige Einflussgröße ist die Einrichtung des
Raums zu nennen. Je nach Lage der Dinge sagt die Einrichtung etwas über die Werthaltung der Organisation und/oder
der Person innerhalb dieser Organisation aus. Dies gilt sowohl für übertrieben gediegene als auch funktionalistisch
reduzierte Einrichtungen. Das Bewusstsein über die Wir-
kung solcher, zudem manifester Signale ist sehr bedeutend.

Persönliche Kommunikation bedarf im **Zeitablauf** normalerweise einer Vorlauf- und Nachlaufphase, denn neben den
reinen Fakten (Sachinhaltsebene/was) geht es immer auch
um die Atmosphäre des Gesprächs (Beziehungsebenen/wie).
Dies bedarf, auch bei ausschließlich professionellem Ge-
sprächsinhalt, einer gewissen Zeitspanne. Ein wesentlicher
Erfolgsfaktor ist daher die Austarierung von zeitbezogener
Kultur und Effizienz. Dominiert die Effizienz, mithin der reine Sachinhalt des Gesprächs, werden wenig akquisitorische
Präferenzen zu Gunsten der eigenen Person aufgebaut, wird
hingegen zu viel Wert auf die Kultur gelegt, nehmen Rituale
wie Small Talk leicht überhand.

Problematisch ist, dass die Zeitmodalität beim Gesprächs-
partner eine ganz andere sein kann als bei der eigenen
Person. Daher empfiehlt es sich, zu Gesprächsbeginn das
Zeitbudget des Gegenübers abzufragen oder die eigene Zeit-

planung mitzuteilen und nachzuhören, ob diese akzeptabel ist. Je enger der Zeitrahmen, desto eher ist die Atmosphäre gefährdet. Denn konstruktive Kommunikation bedarf auch kleiner Episoden zum Entspannen zwischen den reinen Sachinhalten, um die „Chemie" zwischen den Gesprächspartnern herzustellen und auszubauen.

Unabhängig vom Zeitbudget sollte man alles vermeiden, was nach Gehetztheit aussieht. Dazu gehören nervöses Hantieren mit Utensilien, flackernder Blick, Hektik beim Suchen nach Unterlagen, das mehrfache Schielen auf die Uhr, sprunghafte Argumentation, überschnelles Sprechen etc. Unabhängig davon, dass die Effizienz des Gesprächs dann trotz der Zeitknappheit gering bleiben dürfte, sind diese Signale dem Gesprächspartner gegenüber auch verheerend. Er glaubt, subjektiv ein Recht darauf zu haben, für sein Anliegen eine Zeitspanne zur Verfügung gestellt zu erhalten, die dafür erforderlich ist.

Die Effizienz von Gesprächen ist zudem durch eine kurze Vorbereitung enorm steigerbar, denn die Zeit, die man in diese Vorbereitung investiert, holt man durch bessere Gesprächsergebnisse mehrfach wieder heraus. Vor allem ist davor zu warnen, Termine aus falsch verstandenem Streben nach Effizienz zu eng zu takten. Denn passiert etwas Unvorhergesehenes, purzeln Folgetermine der Reihe nach im Dominoeffekt. Und kaum etwas ist in Beziehungen verheerender, als sich für Verzögerungen, ausgefallene Termine, nicht genügend Zeit entschuldigen zu müssen.

Schließlich ist auch der **Kontext** der Kommunikation von Bedeutung.

Für die Situation der Präsentation vor einem (erst recht nachfragemächtigen) Einkaufsgremium ist ein Gefälle zwischen den Teilnehmern typisch. Hier muss auf Verkäuferseite eine solche Asymmetrie unbedingt vermieden werden.

Dabei kommt es auf das konkrete Gesprächsumfeld an. Dazu gehören:

▶ Teilnehmer auf Kunden-/Interessenseite (nach Anzahl, nach Hierarchiestufe, nach Interessenlage etc.),
▶ Teilnehmer auf Lieferanten-/Anbieterseite (nach Anzahl, nach Hierarchiestufe, nach Kompetenzen etc.),
▶ Anlass des Verkaufsgesprächs (Erstkontakt, Konkurrenzpräsentation, Routinekontakt, Reklamation etc.),
▶ konkrete Gesprächsvorbereitung (Transaktionshistorie, Fakten/Daten, „weiche" Faktoren wie Interessen etc.),
▶ Ablauf des Gesprächs (nur Präsentation, Präsentation und Diskussion, Präsentation, Diskussion und Entscheidung etc.),
▶ Form des Gesprächs (formaler Rahmen, informeller Rahmen etc.),
▶ Diskussion (Beiträge, Angriffe, Bedenken etc.),
▶ Nachbereitung (Verabschiedung, Ergebnisprotokollierung, Folgeterminverabredung, Vertagung etc.).

Wichtig ist es in jedem Fall, so früh wie möglich und so lang wie nötig im Kontakt mit der Nachfrageseite zu bleiben, denn über diese Zeitachse hinweg entsteht eine gegenseitige Einstimmung und Annäherung der Positionen (Creeping Commitment). Damit hat derjenige Anbieter die besten Chancen, zum Abschluss zu gelangen, der am längsten auf dieser Zeitachse interagiert.

Literatur

Alle Pocket Power-Bände, siehe innere Umschlagseiten.

Backhaus, K.: Industriegütermarketing, 6. Auflage. München 2001.

Felser, G.; Kaupp, P.; Pepels, W.: Käuferverhalten. Köln 1999.

Godefroid, P.: Business-to-Business-Marketing, 2. Auflage. Ludwigs-hafen 2000.

Meffert, H.: Marketing, 9. Auflage. Wiesbaden 2000.

Pepels, W. (Hrsg.): Handbuch Business-to-Business-Marketing. Neu-wied-Kriftel 1999.

Pepels, W. (Hrsg.): Handbuch Vertrieb. München, Wien 2002.

Pepels, W.: Marketing, 3. Auflage. München, Wien 2000.

Pepels, W.: Technischer Vertrieb. Berlin 1998.

Weis, H. Chr.: Verkauf, 5. Auflage. Ludwigshafen 2000.

Weis, H. Chr.: Verkaufsgesprächsführung, 3. Auflage. Ludwigshafen 1999.

Winkelmann, P.: Marketing und Vertrieb, 3. Auflage. München, Wien 2002.

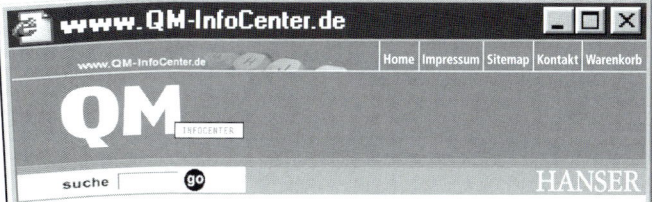

www.QM-InfoCenter.de

Home | Impressum | Sitemap | Kontakt | Warenkorb

suche [ ] **go**

HANSER

Die umfassende Internet-Seite rund um **das** Thema Qualitätsmanagement:

www.QM-InfoCenter.de

► ## News
Aktuelle Nachrichten aus der Branche

► ## QM-Basics
Kompakte Info zu wichtigen Begriffen

► ## QZ
Fachinformationen aus der führenden Fachzeitschrift

► ## QM-Termine
Messen, Seminare, Tagungen

► ## Wer bietet was?
Produkt- und Lieferantenverzeichnis

► ## QM-Bookshop
Bücher, Loseblattwerke, CD-ROMs

► ## QM-Karriere
Der aktuelle Stellenmarkt der Branche

► ## QM-Forum
Diskussionsforum zu aktuellen QM-Themen

 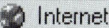 Internet